2022 年度河北省社会科学发展研究课题——新冠肺炎疫情作用下两种文化背景的体育锻炼方式对大学生心理资本和社会支持的影响（20220202159）

现代大学生心理健康教育管理与实践研究

顾翠凤◎著

中国商务出版社

·北京·

图书在版编目（CIP）数据

现代大学生心理健康教育管理与实践研究／顾翠凤
著 . -- 北京：中国商务出版社，2025.3. --ISBN 978-
7-5103-5502-8

Ⅰ . G444

中国国家版本馆 CIP 数据核字第 2025U7P832 号

现代大学生心理健康教育管理与实践研究

顾翠凤　著

出版发行：中国商务出版社有限公司

地　　址：北京市东城区安定门外大街东后巷 28 号　　邮　　编：100710

网　　址：http://www.cctpress.com

联系电话：010—64515150（发行部）　010—64212247（总编室）
　　　　　　010—64515164（事业部）　010—64248236（印制部）

责任编辑：丁海春

排　　版：北京盛世达儒文化传媒有限公司

印　　刷：宝蕾元仁浩（天津）印刷有限公司

开　　本：710 毫米 ×1000 毫米　　1/16

印　　张：13.25　　　　　　　　　　字　　数：205 千字

版　　次：2025 年 3 月第 1 版　　　　印　　次：2025 年 3 月第 1 次印刷

书　　号：ISBN 978-7-5103-5502-8

定　　价：79.00 元

前　言

在当今高度信息化与全球化的时代背景下，大学生群体作为社会的中坚力量，正面临着前所未有的挑战与压力。他们不仅要面对学业和职业发展方面的激烈竞争，还需在自我认知、社交关系、情感问题、就业择业等方面寻求平衡。这些多元化的压力源使得大学生心理健康问题日益突出，并呈现出复杂化、多样化的趋势。如何科学、有效地开展大学生心理健康教育，已成为高校教育管理中的重要课题。

本书旨在全面探讨当代大学生心理健康教育的理论与实践，结合现代教育管理学与心理学的最新成果，提供系统化的解决方案与研究路径。本书涵盖了大学生心理健康教育的基本理论、常见心理问题的分析、课程体系的构建与管理、心理健康教育队伍的建设、心理危机的预防与干预措施等内容。

首先，本书对大学生心理健康教育进行了基本论述，阐明了其重要性与理论依据。其次，本书通过对大学生群体的常见心理问题进行深入探讨，细致分析了自我意识、适应心理、学习心理、交际心理、网络心理、恋爱心理及就业择业七大类问题。通过对这些问题的系统分析，本书不仅揭示了大学生心理问题的成因与表现，还提出了应对策略。最后，本书进一步探讨了大学生心理健康教育课程的管理、心理健康教育队伍的建设以及大学生心理危机的预防与干预措施。

本书力求为高校心理健康教育提供系统、全面的理论支持与实践指导，帮助教育管理者、教师及相关从业人员深入了解并有效解决大学生的心理问题，为当代大学生的健康成长和全面发展提供有力的保障。

　　本书在编写过程中，搜集、查阅和整理了大量文献资料，在此对学界前辈、同人和所有为本书编写工作提供帮助的人员致以衷心的感谢。本书篇幅有限，书中的研究可能存在不足之处，恳请各位专家、学者及广大读者提出宝贵意见和建议。

作　者

2024.10

目　录

第一章

大学生心理健康教育概述

第一节　大学生心理健康教育的基本论述

一、心理健康与心理健康教育

（一）心理健康

　　个体健康主要包括三个方面，分别是身体健康（生理健康）、心理健康（健康的心理状态）和社会适应能力良好（环境适应能力强）。人们对物质的基本需求感到满足时，就会寻求精神世界的满足，尤其表现在对心理健康的关心和重视上。积极健康的心理状态有助于个体更好地适应现实社会生活。不管是医学领域，还是社会学领域，都对心理健康研究比较重视，但由于各领域学者的研究背景、研究目的和研究内容各不相同，对于心理健康的定义也存在一定差异。

　　心理健康的概念最早由西方学者提出。1946 年，国际心理卫生大会指出心理健康是指心境达到一个最完美状态，包括潜力的最佳发挥。《简明不列颠百科全书》中提出：心理健康虽然不是个体发展过程中最完美的表现，却是最佳状态。国内学者林崇德、张厚粲等人一直在积极讨论心理健康的概念，尚且没有形成统一的意见。概括起来，心理健康主要包括以下几方面：个体身体和心理各方面都处于健康状态，能最大限度地发挥自身的潜能，保持健全的人格，能积极主动地适应社会环境，合理处理人际关系，保持积极乐观的心理状态，并表现出相应的稳定性和协调性。

对心理健康概念的界定，不同学者由于思考问题的角度和方式不同，得出的结论也有所不同。但是通过对比与分析、仔细研究和观察，仍然能够找出共同点。第一，认为心理健康是指没有心理疾病和一些特殊的心理问题。这是对心理健康最狭义的定义。第二，心理健康是个体适应正常或良好的一种状态，适应是个体在与周围环境的互动中，通过不同的调节方式和调节系统做出主观的能动的自觉的反应，以使主客体之间保持一种平衡。这里需要注意的是，平衡并不是绝对的，个体不能时时刻刻保持平衡。也不能一直处于不平衡的状态，只能在平衡与不平衡无限转化的过程中寻求自身的生存与发展。第三，心理健康是一种持续且积极的状态，这种状态表现为健康完整的人格、客观正确的认识和自我评价、和谐的人际关系、稳定积极的情绪体验。只有做到这几点，个体内生动力才能得到有效的激发。

综合上述概念，本书将心理健康定义为：个体心境的最佳状态，并能在这种状态下对环境具有良好的适应性。换言之，个体可以在复杂多变的环境中调整心理状态，保持积极的心态。比如在工作、学习、社交、生活中都可以和他人保持较好的沟通和配合。

心理健康对现代人类的健康有着非常重要的意义，是构成现代人类健康的一个重要方面。判断人的身体健康有相应的标准，而心理健康也有相应的判定标准，但是心理健康标准与生理健康标准的主体内容有明显的区别。可以这样认为，一个人的生理完全满足健康标准，并不代表他的心理一定健康，他甚至可能在心理方面存在某种疾患。对心理健康概念的把握，可以明确自身心理方面存在哪些问题，从而采取有针对性的训练与治疗措施，使自身达到心理健康水平。

心理健康的测量是评价个体心理健康的重要方法。测量内容包括个体的心理紧张程度、对生活的满意度等。测量方法主要分为人格测量、智商测量、情感测量和心理健康总体水平测量等。测量心理健康的工具可分为三类：一是心理障碍与心理诊断的测量工具，如 SCL-90（症状自评量表）、SDS（抑郁自评量表）、SAS（焦虑自评量表）等；二是对心理健康适应性进行测量的工具，如 PPCT（问题行为早期发现测量）、CBCL（儿童行为量表）等；三是与心理发展相关的测量工具，如 EPQ（人格问卷）、UPI（大学生人格问卷）等。然而，我们应当看到应用这些来自国外的测量工具对网络环境下大学生心理健康测量会出现偏差甚至错误。原因在于这些测量工具大多适用于西方特定文化氛围，对于我国大学生而言存在着质量与适用性的问题。同时，这些测量工具大多是在二十世纪七八十年代提出并完善的，对网络这个新兴的环境并不一定完全适用。类似 SCL–90 这种测量工具更多地被用于临床诊断，主要适用于精神病人或神经症个体，对于大学生而言并不适合。因此在测量网络环境下大学生的心理健康时，必须对上述工具进行改良或革新。

（二）心理健康教育

首先，开展心理健康教育要了解受教育者在当前阶段身体发展的特点，如青春期身体的变化；其次，要了解受教育者在当前阶段的心理发展特点，如大四学生的就业焦虑；最后，运用心理学理论及大学生教育管理的经验，具体问题具体分析，对大学生进行教育和培养，使大学生具有良好的心理素质。

俞国良认为，心理健康教育是一种实践性很强的教育活动，是教育者在了解受教育者身心特点和发展规律的基础上，运用专业的方式方法，培养受教育者良好的心理状态和心理品质的教育活动。青少年还处于生理和心理未完全成熟阶段，成为心理健康教育的主要对象，而当代大学生作为"00后"正处于该阶段。心理健康教育主要包括加强心理素质和心理机能的培养等内容，通过减少压力、解决困惑、提高心理品质，使受教育者保持良好的心理状态，形成良好的个性和思想品德，促进受教育者人格的完善及身心的全面发展。随着社会的发展和社会竞争加剧，人的心理压力加大。现在通常认为，人无论处于生命发展的哪个时期，都需要接受一定形式和内容的心理健康教育，以促进心理健康发展。

心理健康的标准是判断个体是否存在心理健康问题的依据。目前，国内通用的心理健康标准包括智力正常、有安全感、情绪稳定、意志健全、自我概念成熟、适应能力强、适当的现实感、人际关系和谐、行为协调且反应适度、心理行为符合年龄特征。除上述标准以外，1946 年，第三届国际心理卫生大会列出的标准还有躯体、情感、智力和谐，生活、工作中可以发挥自己的才能，有幸福感，能适应环境。

大学生群体关系着社会的发展与未来，是许多专家学者广泛关注的对象，而大学生的心理健康问题一直是心理学领域高度关注的热点话题。我国专家学者制定了大学生群体心理健康标准。如高顺有将大学生心理标准分为个人心理特点符合年龄成长规律、有完整的人格、有正确的自我观念、有适应环境的能力、有良好的人际关系、情绪反应正常、能有效学习和生活。

综上所述，专家学者在制定心理健康标准时，从不同角度展现了不同的内容，但其判断标准大同小异。大学生群体心理健康的标准主要体现为学生对学习生活的热爱、对自我价值的正确认识、对情绪的良好掌控、人际关系的和谐、良好的社会适应能力和行为与年龄特点相符合等。大学生群体正处于成长阶段，其心理问题随着年龄的变化是不断变化的，心理健康水平也随之不断改变，因此，大学生心理健康标准是动态的。大学生心理健康标准是学校、家庭、自我发现心理问题的依据，学生对照标准能够分析和衡量自身的心理状态，发现心理问题和不利于心理健康的行为，然后通过及时调整来保持良好的心理状态。

二、大学生心理健康教育

（一）大学生心理健康教育的内涵

大学生心理健康教育内容广泛，需要运用心理学、教育学、社会学乃至精神病学等学科的方法与技术。通过传授心理健康教育知识，开展相关宣传活动、讲座，以及进行心理辅导和咨询活动，能够提高大学生的心理健康水平，促进大学生充分发扬个性。在实践中，要以学生为中心，重视学生的主动参与，不仅强调大学生对心理健康教育知识的掌握，更强调大学生能力的提高以及帮助大学生更好地实现自我成长与发展。

大学生心理健康教育的内容随着时代发展而不断拓展。如今，大学生心理健康教育要关注大学生的心理特点，以帮助大学生处理好环境适应、自我管理、学习成才、人际交往、交友恋爱、求职择业、人格发展和情绪调节等问题。随着网络的快速发展，网络心理健康逐渐成为高校心理健康教育的关注重点。事物是普遍联系和不断发展的，学生的心理问题和不断产生的心理需要作为一种客观存在，随着时代发展和人们认识的变迁而不断变化，社会对大学生的心理状态和心理能力也会提出更高的要求。因此，大学生心理健康教育的内容和任务不断更新、深化，是时代发展的必然趋势。

《普通高等学校大学生心理健康教育工作实施纲要（试行）》中指出，"大学生心理健康教育工作是一项系统工程"，以课堂教学为主要渠道，以课外教育为基本环节。大学生心理健康教育的主要形式包括：以"大学生心理健康教育"为主干课程和因各高校实际情况而异的选修课程；心理健康相关知识讲座、专题报告；心理知识宣传；心理健康第二课堂活动，如心理健康教育方面的社团；心理辅导和咨询工作。其中，"大学生心理健康教育"课程是对学生进行心理健康教育的主要途径。

大学生心理健康教育基本定义为，高校教育者依据大学生生理和心理发展的一般规律和特点，有目的、有计划、科学地应用心理学和教育学的相关知识、方法和对策，传授给学生心理知识和心理自我调节的科学方法，对其心理施加影响，开发潜能，从而帮助他们形成良好的心理，培养其优秀的心理品质，挖掘内在潜能，消除和预防大学生心理层面的问题，提高其心理素质，促进其人格健康、全面、均衡、协调发展而进行的系统性教育实践活动。

大学生心理健康需要具有完善的个性特征，能够正确认识自我，适应环境的变化和发展，保持积极的情绪状态，并且能控制自己。教育者需要重视大学生的学业、生活、就业压力等，切实有效地对大学生进行心理健康教育。面对不同群体，教育者可采取不同的教育模式，对全体学生以心理健康维护为主（包括常规心理健康课程、心理社团活动、人际关系指导等），对少数具有心理和行为问题的学生以心理行为问题矫正为主（包括行为矫正训练、情绪调节等）。

总的来说，大学生心理健康教育是学者、专家根据大学生的阶段性心理特征，采取思想道德教育等多学科的教学方式对学生进行心理疏导和干预的实践活动，目的是开发大学生的潜能，塑造大学生的优秀人格，使大学生的身心全面、和谐、健康发展。

（二）大学生心理健康教育的管理机构

大学生心理健康教育管理机构是针对大学生的心理发展特点、规律和现状，为了避免心理不健康引发危机事件的发生，由高校专门建立的组织机构。其宗旨是调动学生个体、班级、宿舍、社团和学校全体师生的积极性，最大限度地运用学校和社会的人力、物力、财力等有限资源，通过对学生个体或群体进行心理测试、心理健康调查问卷等形式，收集、分析、评估及监测大学生心理健康信息数据，制订促进学生素质提高和身心健康发展的计划，通过组织和协调学校相关部门，做到及时干预影响心理健康的危险因素，通过提供科学有效的健康咨询和心理指导等服务，使大学生个体或群体能够达到或保持心理健康水平。心理健康管理的主体是高校全体教师，客体是全部大学生，不单单指有心理问题的一部分人。

1. 开展心理教育课程，加强素质培养

高校要结合大学生心理活动的特点和发展规律，将心理教育课统筹在教育教学计划中，发挥课堂教学在管理中的主渠道作用，将心理健康课程设为公共选修课或必修课进行考核，注重知识传授、心理体验和技能调试训练，规定修满课程给予一定学分。

2. 开展宣传活动，营造良好氛围

高校通过面向大学生开展大量心理教育宣传活动来营造良好文化风气和氛围。为了提高学生的心理保健能力，利用多种渠道如网站、微信公众号、宣传栏等向学生推送心理教育内容，通过开展知识竞赛，开设网络微课堂等向学生传播心理健康知识和现代文明理念。通过电视、广播、书刊等倡导健康生活方式，培养学生自尊自信、理性平和的生活态度，提高其心理健康意识。举办拓展素质训练、文体艺术、主题教育等活动促进学生素养的提高。

3. 开展测评筛查，加强危机干预

通常，高校每年都会对新生开展心理测评活动，筛查有心理障碍或困惑的学生，目的是给予关注和及时干预。通过开展心理教育咨询来及时疏导学生的心理问题，并建立心理档案，定期进行案例督导。建立预警机制，制定危机预案，与精神卫生专业机构合作建立绿色就诊通道。

4. 开展朋辈互助，促进共同成长

高校在院系设置心理成长辅导室、生活指导室、团体辅导室等心理咨询空间，利用学生社团，开展各种心理健康互助活动，通过对心理存在不适的学生进行辅导和教育，帮助学生进行心理调节，促进他们健康成长。

大学生心理健康教育管理是高校人才培养管理的重要组成部分，是学生管理工作的基础环节，是高校和谐、持续发展和学生素质提高的关键。部分高校受到起点低、资金匮乏、师资薄弱、基础设施配备不齐全等条件的限制，各种管理工作体制和模式尚处于探索磨合的阶段，在学生的心理健康管理上面临诸多困境：一是不能及时转变工作思路；二是存在基础设施薄弱、资金匮乏的客观问题；三是大学生个体差异大，心理情况复杂，导致管理的难度增加。综上所述，探索出一条适合大学生心理健康教育管理的科学路径迫在眉睫。

三、大学生心理健康教育的意义

（一）大学生心理健康教育的重要性

知识、技能的提高只是大学生全面发展的一个方面，大学生的全面发展还包括人格的不断完善、心理素质的不断提高。心理健康对大学生的全面发展至关重要。心理问题会严重影响大学生的全面发展，不仅会阻碍大学生的成长，也不利于大学生未来的发展和进步，会成为大学生走向社会的绊脚石。我们必须重视大学生的心理健康，并将其作为一项重要任务来实施。

随着知识经济的发展、社会和时代的不断变革，当今社会对大学生的发展提出了更高的要求。当代大学生只有全面提升自我才能适应社会大环境。人才素质的提高不仅会促进经济的发展、实现科技的振兴，还会影响到整个社会的进步。在人才素质系统中，心理素质是基础，在科学文化素质、思想道德素质以及职业技能素质中也渗透着心理素质。为了使优秀人才健康成长，必须加强对大学生的心理健康教育。目前不少大学生心理素质低下，并且近些年来，大学生心理问题的发生率呈上升趋势。要切实降低大学生各种心理问题的发生概率，不断提高大学生的心理健康水平，培养社会主义事业的合格建设者，加强大学生的心理健康教育至关重要。

大学四年是大学生心理发展的关键时期，大学生的心理与人格趋向成熟，并逐步过渡到成人状态。但是这个过渡和转变过程并不是简单的、一帆风顺的，大学生会遇到各种困难和挑战，会产生很多困扰和矛盾，出现各种心理问题。在现实中遭遇不公平是不可避免的，但有些人可能因遭受不公平待遇而自暴自弃、心灰意冷，也可能无法与他人和睦相处，甚至选择逃避群体。心理学家通过大量的调查发现，当前我国大学生精神疾病发病率较高主要是心理障碍导致的。大学生的心理问题如果得不到及时改善，不仅会影响到大学生价值观的树立，还会严重影响到大学生未来的发展。大学就相当于一个小社会，当大学生在这个小社会里发现自己很多方面不如他人时，他们会产生疑问，为什么别人总是比自己优秀，做得比自己好。有些人会感到自卑，嫉妒他人，由此总是感到不如意、不幸福，而且对自己的期望越高，感到与别人的差距越大，这种不幸福感就会越强烈，就越容易走极端。个别大学生在遇到这种情况时，往往不知道该怎样调整自己的想法、调适自己的心态，而是采取一些比较极端的做法，如自虐等，严重的甚至还会攻击他人。可见，开展大学生心理健康教育刻不容缓。心理健康教育的实行既可以有效地避免和改善大学生心理问题，又可以促进大学生健康成长，具有非常重要的现实意义。

随着我国社会主义现代化的不断发展，思想政治教育已成为高校教育工作的重要组成部分。其发展随着社会的发展面临更多的难题，传统的思想政治教育存在很多不足，如教育内容不丰富、教育方法不够科学等。现实中的各种挑战与困难制约着高校思想政治教育工作的开展。将心理健康教育纳入思想政治教育中，使两者实现有机结合，既可有效地解决大学生日益严重的心理问题，也可以为思想政治教育寻求新的发展途径，并且对切实提高思想政治教育的有效性、针对性和实效性具有重要意义和价值。

（二）大学生心理健康教育的必要性

1. 时代发展的客观要求

随着社会的进步和人们生活水平的提高，健康观念不断得到丰富和完善。1948 年，世界卫生组织对健康进行定义，提出健康是一种身体、精神与社会的和谐状态。和谐的生理状态是指身体无疾病，各部位状态良好。和谐的心理状态是指积极的心理特质。身心与社会的和谐状态是指个人适应社会发展的能力。这一概念表明，健康是生理因素、心理因素与社会因素共同作用的结果。1990 年，世界卫生组织进一步发展了健康的概念，即所谓健康新理念，在原有概念的基础上，增加了良好的道德修养。良好的道德修养指的是能够分清大是大非，遵守社会道德准则和行为规范，不因个人利益损害他人的利益和社会集体的利益。国家高度重视学生群体的心理健康教育问题，并颁布了一系列政策，以期充分利用教育基本规律推动人与社会的发展。2016 年审议通过的《"健康中国 2030"规划纲要》、2018 年多部门联合印发的《全国社会心理服务体系建设试点工作方案》等文件均表明，心理健康作为健康的重要组成部分，已经成为人民群众的共同追求，并受到各部门的持续关注，各部门将采取相应措施致力于推进心理健康融入各项政策，创造健康支持性环境，将心理健康教育纳入国民教育体系，使其成为各个教育阶段的重要内容。高等教育不仅仅是授予学习者文凭，更希望他们具有健全的人格、积极的心理品质以及拥有与主流社会、用人单位企业文化相一致的劳动观，掌握沟通表达、解决问题、互动合作以及情绪调节等非认知能力，使其有更好的发展前景，激发学生自身的学习潜能和积极性，促进他们利用多种社会支持渠道，获得多种信息资源，积极主动地开展学习，改善学习拖延、低效沉闷甚至是不愉快的学习体验。高校应加强对大学生的心理健康教育，重视满足大学生的心理健康需求，培养健康的高质量人才。

健康新理念属于积极的健康观，它要求生理、心理和社会多种因素的和谐统一。其深远意义是，健康的躯体是追求生命质量的物质基础，健康的心理是提高生命质量的必要保证。这样，健康的个体才能在社会中实现个人价值和社会价值的良好统一。

另外，新媒体的"双刃剑"效应要求提高大学生的心理免疫力。一方面，新媒体为大学生的发展创造了良好的机遇。大学生是最快接受新生事物、最能引领时代潮流的重要群体。新媒体以其特有的优势，极大地改变了大学生原有的交往方式、生活方式、思维方式及观念模式，为大学生提供了广阔的学习知识和技能的平台；另一方面，新媒体也给大学生的发展造成了不良影响和冲击。首先，新媒体信息的多样化会对大学生的思想产生多元化的影响。在新媒体环境下，不同的政治立场、价值观、宗教信仰传播和负面网络信息的流传，容易导致大学生的世界观、人生观、价值观趋向功利化和世俗化。其次，新媒体容易使大学生形成网络依赖心理。一部分学生沉迷于网络游戏和网络交友，逃避现实中的人际交往，从而逐渐与现实世界脱轨，长期下去容易导致自我封闭，在现实生活中产生抑郁感、孤独感，甚至造成心理扭曲。最后，新媒体的虚拟性和匿名性容易导致大学生道德观念淡薄。虚拟的新媒体世界，并没有强制性的道德规范。部分学生将网络里的思想行为延展到现实世界中，不能区分虚拟世界和现实世界，更不能在现实世界中规范自己的言谈举止，不具备高尚的道德品质，长此以往，不利于心理的健康发展。

由此可见，新媒体是一把"双刃剑"，在为大学生提供各种便利的同时，也对其心理产生了一定的负面影响。在复杂的新媒体环境下，心理健康教育应全面开展，以便帮助学生识别和抵制各种消极思想和心理，增强学生对心理障碍和心理危机的免疫力。

总之，健康新理念要求普及心理健康知识。国家和社会应扩大心理健康教育队伍，增加心理咨询网点。高校应将心理健康教育作为大学生的必修课。

2. 高等教育人才培养的必然要求

首先，大众化教育取代了精英教育，极大地改变了大学生的社会地位。随着时代的发展，我国高等教育作了相应的调整。在精英教育阶段，在大学生录取方面，国家实行严进宽出的制度；在大学生培养方面，国家实行计划培养的方针；在大学生工作方面，国家实行按计划分配的政策。因此，当时的大学生只要按规定条件毕业便可得到工作，以至于部分大学毕业生缺乏主动性和竞争意识。在当今的大众化教育阶段，随着大学生录取人数增多，国家就业分配制度取消，毕业后的大学生要根据自己的能力求职，就业压力随之增加。在求职过程中，大学生必须具备较强的主动性、竞争性和较高的心理素质，适应社会对人才的发展需要。加入了自主创业队伍的大学生，在创业的过程中会遇到各种困难，也需要良好的心理素质作为支撑。

其次，高等教育规模的扩大和办学形式的多样化，增加了大学生的心理压力。一系列改革对大学生成才提出了更高的要求。大学生在校期间承受着较大的心理压力，如果不具备良好的心理素质，就难以勇敢地面对学习、生活、交友时遇到的各种挫折。这直接影响到学生学业的顺利完成以及对社会的良好适应。因此，高校应该在教授各种文化知识的同时，通过心理健康课堂教育，提高学生的心理素质，增强学生的心理调适能力，帮助大学生以积极的心态迎接未来的挑战。

最后，心理素质成为大学生整体素质的支撑，在人才竞争中发挥着越来越重要的作用。竞争是当今时代的主题，而竞争归根到底是人才之间的竞争。人才的竞争就是大学生综合素质的竞争，因此，高校应该重视学生的素质教育。在所有素质中，心理素质发挥着重要的支撑作用。健康的心理和良好的心态是培养学生其他素质的基础。高校的人才培养目标应该将心理素质的培养放在突出的位置。大学生心理健康教育课堂，有利于提高学生的心理素质，实现学生全面发展的人才培养目标。

3. 大学生自我发展的客观需求

大学阶段是大学生全面发展的重要时期。全面开展大学生心理健康教育，有利于提升大学生的综合素质。首先，积极健康的心理有利于大学生的身体健康，是保证身体机能的重要条件；其次，良好的心理素质能保证思想政治教育的实效性；最后，良好的心理素质是提高学习效率的前提。因此，大学生自身综合素质的提高应该以良好的心理素质为基础和前提。

全面开展大学生心理健康教育，有助于开发大学生的主体潜能，促进大学生自我实现，而自我实现以主体潜能的开发为前提。在当代，大学生已具备某些积极人格特质，但并不完备。心理健康教育可以使学生拥有更加优良的人格特质，使全体学生更好地开发主体潜能，发挥创造力，实现社会价值和自我价值的统一。

（1）心理健康与德

大学生正处在道德品质形成和道德行为生发的关键时期，虽然对道德观念有初步的认知，但仍会受到社会道德现象的影响。在道德品质形成的不稳定期，大学生个体道德标准不仅容易受到负面道德现象的影响，还可能使学生产生"道德焦虑"，如产生焦虑、迷茫等不良心理感受。

道德品质的心理形成机制是"道德认识—道德情感—道德意志—道德信念—道德行为"的内化过程。虽然在这个过程中制约个体形成道德规范的因素有很多，如社会道德状况、家庭教育和学校教育等，但起到内在支配作用的是个体心理状况。良好的心理健康状况有利于大学生在客观认识、分析和评价自我中形成正确的道德认识，在自我激励和自我反思中培养道德情感，在自我控制中磨炼道德意志，在自我监督和自我修养中坚定道德信念，在自我检查和自我调节中完善道德行为。

（2）心理健康与智

我国基础教育比较注重对学生智力的培养，而忽视对学生非智力能力的培养。就学生的智力发展而言，不健康的心理直接影响学生的情绪调节能力和适应能力，导致大学生的智力活动效率低下。

一方面，心理素质与情绪调控能力息息相关。良好的心理健康状况有利于大学生正确调节情绪，在最短的时间内摆脱坏情绪，保持愉悦的心情。具备良好心理素质的大学生，往往能够利用多种调控方法转移、消解不良情绪，更快、更专注、更积极地投入学习和创造活动中，减少不良情绪对智力培养的负面影响。

另一方面，心理素质也会影响大学生的环境适应能力。良好的环境适应能力可以增强大学生个体的心理承受力，提升学习新知识和新技能的效率。事实上，大学生不仅在刚刚入学时面临着环境和学习方式的适应问题，在实习、就业等其他实践活动中，也面临环境适应问题，具备良好的心理素质不仅能够减少学生对新环境的害怕和抵触情绪，也能够促使学生主动了解新环境，主动调整身心状态以适应新环境，从而以饱满的精神状态投入智力活动中。

党的十九大报告提出"培养担当民族复兴大任的时代新人"，并明确提出时代新人必须"有本领"，因为只有具备过硬的专业本领，才能真正承担起社会责任。对于大学生来说，增强专业本领是智力活动过程，需要良好的心理健康状态提供保障。

（3）心理健康与体

人的生理健康和心理健康统一于一体，心理健康会对生理健康产生影响，大学生的身体健康是其从事一切学习和实践活动的基础条件。根据埃里克森的人格发展理论，大学生正处于"自我同一性—角色混乱"与成年早期"亲密—疏离"的双重社会矛盾阶段，经常由于外在环境的改变而产生焦虑、烦躁、抑郁、恐惧等不良情绪，或者产生其他不正常的心理，长此以往便容易导致生理上的异常和疾病。许多中医典籍中都有对"情志致病"的记载，如喜伤心、怒伤肝、悲伤肺、思伤脾、恐伤肾，不良心理因素会通过中枢神经系统、内分泌系统和机体免疫系统使人生病。

高校心理教育能够在解除心理障碍、提高其心理素质的基础上，帮助在校大学生养成积极向上的人生态度，从提高心理素质着手解决好大学生在学习和生活中遇到的生命意义、人生价值和思想道德方面的困惑，使他们以一种乐观豁达、开朗明快的心态保持健康的体魄。

（4）心理健康与美

心理健康教育与美育是相互促进的关系。随着经济社会的快速发展，大学生的审美意识更具多变性和差异性，他们对"美"的认知日趋多样化。美育工作可以帮助大学生陶冶情操，追求更高的境界和品位，也可以有效疏解学生的负面情绪，使其保持活力和创造力。同时，为了保证大学生在接受美育教育时不扭曲"美"，不以丑为美，高校需要帮助他们保持良好的心理健康状况。

第一，心理健康教育可以帮助大学生消除在审美过程中的心理困惑。随着新媒体技术的蓬勃发展，社会进入"媒介化"阶段，"泛娱乐化"现象随处可见，娱乐产业化使大学生生活中充斥着娱乐性、媚俗化的因素，对大学生的审美产生了潜移默化的影响。当前网络上当红艺人"官宣"恋爱、婚讯的消息动辄便引起轩然大波，各种网红美女、网红产品等层出不穷，影响了部分大学生对"美"的认知和判断。一些大学生在不知不觉中成为娱乐的附庸，并在判别究竟什么是"美"的过程中，产生了心理上的迷茫和困惑。

第二，心理健康教育对塑造大学生人格美具有重要意义。大学生保持健康的心理，更有利于在审美中自觉追求更有趣味、更有意义和价值的人生，提升人生境界。对于个体而言，内在美是外在美的决定因素，外在美是内在美的体现，人格美便是一种内在美，以个体健康的心理品质为形成基础。

综上所述，大学生要实现全面发展必须以良好的心理健康状况为"基石"。我国高校心理健康教育在马克思主义人学理论的指导下，自觉站在"育人"的高度，不仅回应了大学生在全面发展过程中的心理需求及价值实现等多重问题，也在尊重大学生独特性的前提下，为促进他们的全面发展发挥了基础作用。全面开展大学生心理健康教育，有利于消除在特定环境下成长的大学生的负面情绪，促进大学生健康成长。当代大学生大多是家中的独生子女，有很多甚至是在"四二一"家庭模式中成长起来的，集家中长辈的宠爱于一身，在家庭中长期处于中心地位，容易形成一系列性格弱点。加之大学生处于青春躁动期，未经受社会的考验，价值观尚未形成，当在学习、恋爱、社交、就业等方面出现困惑或偏差时，必然引起心理上的波动，产生消极情绪。如果这种消极情绪不能及时得到有效的化解，大学生就会出现注意力不集中、健忘、精神郁闷等现象。如果这种消极情绪长期得不到化解，大学生就会产生恐惧、悲观等极端情绪，进而患上神经衰弱或焦虑症等心理疾病。通过普及心理健康教育，教师一方面可以及时了解学生的心理健康情况，帮助他们排除心理障碍，防治心理疾病；另一方面也可以培养学生的积极心理素养和积极力量，使其自觉抵制消极的思想和行为，从而获得健康成长。

第二节　大学生心理健康教育的理论依据

一、积极心理学理论

（一）积极心理学的产生与发展

20世纪30年代，特尔曼对天才和婚姻幸福感的研究拉开了研究积极心理学的序幕。1954年，马斯洛在《动机与人格》一书中支持积极心理学研究。积极心理学受到了提倡积极人性论和人类潜能的人本主义思潮的影响。经济和科技的全球化造成物质财富与精神追求和生活质量的不匹配。物质财富虽然有了很大的提高，生活质量与精神品质却没有随之提升，甚至出现了后退的情况，强大的社会进步带来物质财富的同时也给人们带来了精神压力，各种负面心理、情绪不断出现，忽略社会个体意义的传统心理学研究已不能从根本上解决这一问题。在这种背景下，对积极心理学的研究应运而生。

1998年11月，在美国召开的第一次积极心理学高峰会议使世界性的心理运动成为积极心理学未来的发展方向。《美国心理学家》和《人本主义心理学》等杂志也相继发表了关于积极心理学研究的文章和取得的理论成果。由此，许多心理学家开始涉足此领域。随着研究人数的增多和研究范围的扩大，积极心理学运动产生。

积极心理学开始作为一个研究领域始于塞利格曼2000年1月发表的《积极心理学导论》一文。他提出，通过科学的方式去研究幸福，倡导充分利用积极心理学的积极取向，研究个体积极的心理品质并以此来促进社会个体的健康幸福和发展。经过几年发展，对积极心理学形成了世界范围内的研究趋势，并受到越来越多学者的关注。

从积极心理学目前的发展及已有研究成果来看，积极心理学在心理学领域取得巨大成就的同时，其思想也渗透进多个社会领域、学科，并在社会及学界产生了积极的影响。可以说，积极心理学的兴起为心理学及心理健康教育的发展带来了新的启发。

（二）积极心理学的主要内容

在积极心理学研究中，积极是指每个人所具有的实际的和潜在的能力。它强调一种人类的待开发的可以为社会造福的积极潜能。

积极心理学以人本身所具备的积极因素为研究重点，强调人的价值，提倡用积极的心态对人内心的各种现象作出合理的解释，以此来挖掘人的优秀特质，激发人的潜能，并借助这些积极的力量帮助人们过上幸福的生活。积极心理学的三个研究方向为积极的主观体验、个人层面的积极人格特质、群体层面的人群与社会环境之间的和谐关系。由此，积极心理学的主要内容可以概括为三大方面：第一，积极的主观体验方面，具体表现为人的各种美好的感觉，这种感觉可以给人带来幸福和快乐；第二，积极的人格特质方面，具体表现为正确的"三观"、创造精神等；第三，人与社会关系方面，关注人的美德、职业道德、社会责任感和家庭责任等。

（三）积极心理学的拓展——心理资本理论

随着积极心理学的发展，"心理资本"引起了众多心理学家的兴趣和重视。塞利格曼于 2002 年在《真正的快乐》一书中将心理资本定义为：那些导致个体积极行为的心理因素。2004 年，路桑斯等人将心理资本概念延伸到组织管理领域并提出了"积极心理资本"的概念。2005 年，他们将心理资本定义为：个体积极性的核心心理要素，具体表现为符合积极组织行为标准的心理状态，位于人力资本和社会资本之上，并能够通过有针对性地投入和开发而使个体获得竞争优势。到目前为止，该领域大多数学者比较认同这种概念界定。

关于心理资本的构成要素，国内外学者的观点主要有二维说、三维说、四维说、多维说几种。二维说认为，心理资本由控制点和自尊组成；三维说认为，心理资本由韧性、希望、自我效能感组成；四维说认为，心理资本由韧性、希望、自我效能感、乐观组成；多维说认为，心理资本由韧性、希望、自我效能感、乐观、诚信组成。

　　培育大学生的心理资本以四维说为基础，认为大学生心理资本是指大学生在其成长的特殊阶段所拥有的积极心理能量的总和。它包括自信、乐观、希望、韧性四种积极心理要素，具有积极性、可测量性、开发性。对大学生心理资本进行开发，可以使大学生更加幸福快乐，促进其自我发展。

（四）积极心理学的普及和运用

　　首先，积极心理学的产生使心理健康知识的普及成为必要，是心理健康课程成为每一个大学生的必修课的前提和基础。积极心理学产生之前，心理学由专业工作者研究，心理学知识由少数人掌握，指向部分有问题甚至患有疾病的学生。积极心理学的产生，使得有问题的人、普通人和具有一定天赋才能想更好地挖掘自身潜力的人，都能从中获得积极能量。这样，积极心理学的产生使心理知识由少数人的学问变为多数人甚至每个人都应具备的能力。

　　其次，心理健康课程使心理健康知识的普及成为可能，为积极心理学的传播提供了场所和保障。心理健康课程是发挥教师主导作用的基本场所，是学生获取心理健康知识的主渠道和基本途径。教师通过课堂教学，可以使学生系统全面地了解和掌握基本知识。

　　最后，面向全体学生的心理健康课程，应该以积极心理学知识的传播为主要内容，培养学生积极的情绪、积极的心态、积极的人格、积极的动机、积极的兴趣、积极的价值观等，使其具备自信、乐观、希望、韧性四种积极的心理要素，内心感受到幸福和快乐。在此基础之上，心理健康教育还应该教给学生心理疾病的识别、预防和治疗的基础知识，帮助学生科学对待心理咨询，利用好学校心理咨询中心及其他有益心理健康的资源。

（五）健康心理学

　　健康心理学是心理学的一个分支，运用心理学有关知识和技术探讨保护人类身体健康、预防心理疾病。它的产生使得民众将一定的注意力投入自身的身心健康方面。这种趋势使各国都注意到了开展健康教育活动的重要性。为此，学校开展了许多对学生产生积极影响的心理健康教育活动，积极开设相关的课程，有力地推动了心理健康教育课程的蓬勃发展。心理健康教育强调个人发展的重要性，要求个人对自身健康负责任，培养良好的生活习惯，坚持进行自我保健。

理想的心理状态被称为自我的完美实现。"自我实现者"需符合以下标准：能够融入现实，自然地接纳现实中的任何事物，具有自理与自立能力，将个人信念和目标内化于心，有良好的人际关系等。积极心理学理论常被当作衡量人们心理健康的标准，其包含的深层次内容值得大家学习。有学者认为，个体会按照内心认同的道德规范和伦理原则行事，心理健康的人所践行的原则规范都是正义的，反之都是不考虑集体利益的。道德感有很重要的心理保健功能。个体作为社会的组成部分，在与社会中的人和事接触过程中会建立起自己的系统良知，以社会准则、道德准则为标准，使内心的自尊感与归属感得到满足。因此有人认为，自我实现者是完美无缺的。

二、教育学习理论

（一）行为主义心理学

在理论依据和实际应用两方面，行为主义均对心理健康教育的发展产生了推动作用。在实际应用中，该理论提出了一系列行为干预技术，比如强化、模仿、角色扮演、系统脱敏等。由于产生的效果显著，该理论在学校心理健康教育，甚至在课堂教学过程中被广泛运用。到目前为止，行为主义心理学依旧是学校心理健康教育的重要干预技术。在理论方面，它强调个体自身之外的环境因素对个体行为的影响，进一步将学生周围的环境看作教育的对象，扩大了学校心理健康教育的范围，同时也提出新的思考。在了解了周边环境对个体的影响后，学者开始从多角度考虑影响教育课程的因素。

（二）人本主义心理学

众所周知，学校的教育重点是培养学生学习知识的能力，重视文化课成绩。学校虽然也把心理健康教育当作传授心理知识的方式，但目的还是推动理论知识的学习。这导致心理健康教育缺失或是"走形式"。人本主义心理学的提出，使得教育界开始重视学生的心理健康问题及其发展，这不仅促使学校加大了对心理健康教育的投入，更重要的是转变了学校的教育观念：从以前重视治疗和预防，到现在侧重于学生的全面发展。马斯洛的需求层次理论将人的需要分为生理需要、安全需要、爱与归属的需要、尊重的需要和自我实现的需要，其中自我实现的需要属于最高层次的需要。他认为，只有低层次的需要得到了满足才会产生高层次的需要。这一理论扩大了学校心理健康教育关注的范围，从原先关注学生扩展到关注教师、学生甚至家长。同时，马斯洛还关注自我实现这一心理状态，他的健康人格理论将"自我实现者"定义为能保持人与自我、人与人、人与自然的适意关系，有独立的人生信念、较高的人际关系、道德感强。这一理论被人们当作衡量心理健康的标准。

（三）认知心理学

认知心理学理论认为，人的认知会对心理健康产生影响，改变人的信念是保持心理健康的关键。该理论提出后，学校以此为依据开设了心理健康教育的相关课程。学校心理健康教育课程通过培养学生正确认识和评价社会、乐观面对生活等意识，积极引导学生，最终提高学生的心理素质。

三、人的全面发展理论

马克思关于人的全面发展的理论作为马克思主义学说的重要组成部分，包括人的个性、人的能力、人的需要和人的社会关系的全面发展，为提高大学生心理健康水平和增强心理调适能力指明了方向。

（一）人的个性的全面发展

开设大学生心理健康教育课程的目的之一是培养学生积极的心理品质，促进学生的个性充分发展，实现学生的全面发展。个性特点是人在心理过程中表现出来的相对稳定和独有的特征，包括性格、能力、兴趣、价值观等方面。一些积极的个性特点如开朗、乐观、自信等能够增强人的心理韧性，使人更容易适应环境变化和应对挑战。而一些消极的个性特点如抑郁、焦虑、自卑等则容易引发心理问题，使人难以应对生活中的压力和挑战。同时，心理健康也反作用于个性特点。长期的心理问题和情感困扰可能导致人形成一些消极的个性特点，如内向、孤僻、悲观等。这些消极的个性特点又会对心理健康产生负面影响，形成恶性循环。

马克思认为，人的个性的全面发展包括人的独特性、自主性和创造性的全面发展。个体所处背景的差异导致人的个性的差异，人的实践活动、能力、社会关系的深层次的发展使得人的个性差异愈加明显。个人独特性的丰富意味着个人能力实现得到有效权衡。人的自主性是在克服自然压迫和社会压迫的过程中逐步获得的，从原始社会到资本主义社会和社会主义社会，人的自主性由人身依附转变为成为独立自主的个人。随着社会化的不断发展，共产主义社会将解除人所面临的外界束缚，"人终于成为自己的社会结合的主人，从而也就成为自然界的主人，成为自己本身的主人——自由的人"。人的创造性就是人将本身的创造潜力转化为现实，并不断强化的过程。创造性的发展促进自主性和独特性的发挥。因此，"个人的全面发展，只有到了外部世界对个人才能的实际发展所起的推动作用为个人本身所驾驭的时候，才不再是理想、职责等"。

（二）人的能力的全面发展

德、智、体、美、劳各项能力的全面发展是心理健康的关键因素。其一，道德教育是培养心理健康的重要组成部分。一个有道德的人，不仅会受到社会的尊重和信任，还能够更好地处理人际关系，更好地适应社会生活。通过家庭教育、学校教育和社会教育等多种途径，可以培养学生的道德观念和行为习惯，让他们成为有责任感、有担当的好公民。其二，智力发展是培养健康心理的重要基础。通过科学文化知识的学习和实践经验的积累，可以开阔学生的视野，提高他们的思维能力和解决问题的能力。同时，培养学生的创新精神和实践能力，让他们具备适应未来社会发展的能力。其三，体育也是培养健康心理的重要途径。适当的体育锻炼可以增强身体素质，提高身体免疫力，同时还可以调节心理状态，减轻压力和焦虑。通过参加各种体育活动，学生可以培养团队合作精神、竞争意识和坚毅品质。其四，美育也是培养健康心理不可缺少的一环。通过对美的感知、欣赏和创造，学生可以培养审美情趣和艺术鉴赏力，更加注重情感表达和情感交流。音乐、舞蹈、绘画等多种形式的美育教育，可以让孩子们更加自由地表达自己的感受和情感，有益于他们的心理健康。其五，劳动是人本身的内在心理需要与应有的自觉行动，而劳动教育则是以培养学生的劳动意识、劳动技能为核心，塑造个体良好的劳动习惯为目的的教育活动。现代社会，科学技术作为第一生产力，以脑力或技术劳动为核心的劳动形态对社会发展和进步意义重大，劳动不再只是机械的、体力的劳动，而是一种创造性的实践能力。劳动无疑含有较多的认知成分和心理成分，需要劳动者随时对自身的行为进行监控、调节、评价和优化，是其获得正确的自我意识、自我发现、自我更新与自我完善的重要途径。因此，借劳动教育这一途径，加强学生的心理健康教育，是使学生适应生活、适应社会的有力保障。当然，劳动教育需要还原到符合人的自然天性和身心发展过程的形态上去。以体力劳动为主的人，应该主动进行一些脑力劳动来调节身心；以情感劳动为主的人，则要用独处与沉思来加以平衡，发展更强的自我调节能力。这是对抗人的片面发展和异化的重要方式。劳动教育不仅给人们植入了实现幸福的行动基因，而且还增强了人类获取生存资料和创造美好生活的能力。劳动教育不仅能培养学生吃苦耐劳、坚韧不拔、克服困难的积极心理品质，而且有利于其生存能力、生涯规划能力、创造能力的发展。

人的全面发展是一个综合性的概念，涉及个人知识、技能、健康、情感、社交等多个方面的发展。人在实现全面发展的过程中，既需要注重个人的自我实现和社会责任的平衡，也需要关注个人的身心健康和社会的可持续发展。

"我们把劳动力或劳动能力，理解为人的身体即活的人体中存在的、每当人产生某种使用价值时就运用的体力和智力的总和。"也就是说人的能力包括人的体力和智力，是人的本质力量的公开和展示。马克思对人的智力的发展非常重视："固定资本的发展表明，一般社会知识，已经在多么大的程度上变成了直接的生产力，从而社会生活过程的条件本身在多么大的程度上受到一般智力的控制并按照这种智力得到改造。"全面发展理论中，人的能力是在长期社会实践活动中发展起来的，体现了人的综合素质，具有复杂性。除了体力和智力，人的能力还包括理想力、信念力和思想力，包括自然能力和社会能力、物质产品和精神产品的生产和消费能力等。这些能力集中体现了人的身体、心理、思想和科学文化素质，即人的综合素质。因此，人的能力的全面发展同时也意味着人的综合素质的全面发展。

（三）人的需要的全面发展

在现代社会中，人们往往忽视自己内心的需求，忙于应付各种事务。然而，关注内心需求是维持心理健康的关键。内心需求是指人类内心在满足基本生理需要之外对精神和情感上的需要，是人类心理活动中不可或缺的一部分。正确认识和满足内心需求对个人的心理健康有着重要影响。首先，关注内心需求可以帮助个人了解自己的内在世界。人们常常忽视自己的内心感受和情感，将注意力都放在外在的物质需求上。然而，只有关注内心需求，了解自己的内心世界，才能更好地认识自己、接纳自己，并获得自我成长和发展。其次，关注内心需求有助于个人的情绪管理和情感调节。人若不重视内心需求，往往会出现情绪失控和焦虑等问题。人只有关注并满足内心需求，才能够有效地管理自己的情绪，保持积极的心态，提高生活质量。

人的本质即人的需要，人的需要作为人本身的规定性，区别于动物的需要的特性，能够推动人进行维持生存和发展的物质生产活动，人的本质力量的充实来源于人的需要的丰富，应该鼓励人追求正常需要。

马克思认为，人的需要具有层次性和多样性。人的"第一个历史活动就是生产满足这些需要的资料，即生产物质生活本身"。"已经得到满足的第一个需要本身、满足需要的活动和已经获得的为满足需要而用的工具又引起新的需要，而这种新的需要的产生是第一个历史活动。"马克思所提出的人的需要既包括自然性需要和社会性需要，也包括人的物质、精神和社会层面的生存、享受和发展的需要。人对需要的满足驱使人们从事物质生产和社会活动，而在物质生产和社会活动过程中，又会产生新的需要，以此促进人的全面发展。

（四）人的社会关系的全面发展

在当今社会，人们的生活和工作压力越来越大，心理健康问题也日益突出。而社会适应能力是影响人们心理健康的重要因素之一。心理健康的人具备更高的社会交往能力、合作能力和创新能力，能够更好地融入社会，获得更多的支持和帮助。在提升社会生产力和经济效益方面，心理健康的人具备更高的工作能力和创造力，能够提高社会生产力和经济效益，能够专注于工作和创新，为公司和社区创造更多的价值。相反，心理不健康可能导致个体工作效率下降、缺勤率增加，给企业和社区带来经济损失。心理健康问题还可能影响社会的稳定和安全，引发自杀等极端行为，对社会造成潜在的威胁。此外，心理健康问题也可能导致其他社会问题加剧，如家庭矛盾加深、人际关系紧张等。

马克思认为，"一个人的发展取决于和他直接或间接进行交往的其他一切人的发展"，"社会关系实际上决定着人的发展程度"。首先，人的社会关系的全面发展表现为人的社会关系的形成和丰富。马克思认为，人的全面发展建立在人与人之间的交往之上，交往是人的所有社会关系形成的前提，是主体之间通过物质和精神交换，实现个体间的沟通和交流。人与人之间的交往随着社会的发展而延伸至更广的层面，使个体的社会关系不断丰富，进而摆脱以往交往的地域性、民族性和狭隘性。其次，人的社会关系的全面发展表现为人对社会关系的全面占有和控制。社会形态的变换和物质财富的增加，使人的依赖逐渐向对物的依赖转变，"全面发展的个人——他们的社会关系作为他们自己的共同的关系，也是服从于他们自己的共同的控制的——不是自然的产物，而是历史的产物"，如此，人才能实现全面发展。

马克思主义关于人的全面发展理论具有十分丰富的内涵。马克思从各个方面详细阐述了人的全面发展。第一，人的劳动活动全面发展。马克思认为，人的劳动活动全面发展表现在活动的内容和形式必须具有丰富性而非贫乏化、完整性而非片面化、可变动性而非固定化。人们可以根据自己的意愿选择不同的劳动方式进行改造客观世界和主观世界的活动。第二，人的需要和能力的全面发展。需要是人进行各项活动的原动力，是人的本性。人有各种需要，当人们的基本需要得到满足之后就会衍生出更高一级的需要。人的能力则是实现各种需要的手段，人的能力全面发展也就是人要全面发展自己的智力、体力、潜力等各种能力，并在实践中发挥自身所拥有的全部才能和力量。第三，人的关系全面发展。第四，人的素质和个性的全面发展。马克思根据人的发展把社会发展划分为三个阶段：第一个是"人的依赖关系占统治地位的阶段"；第二个是"以物的依赖性为基础的人的独立性的阶段"；第三个是"人自由和全面发展的阶段——共产主义阶段"。人的发展受社会条件的制约，人的发展也能制约社会的发展，只有人得到自由和全面发展，才能进入人类社会发展的第三个阶段。

第二章

大学生群体中常见的心理问题

第一节　大学生的自我意识问题

一、自我意识的概述

（一）自我意识的概念

中国有句谚语："人贵有自知之明。"在古希腊雅典的德尔菲神庙中，有一块碑石上刻着"认识你自己"。这充分说明对自己的认识与了解是一个永恒的主题。几千年来，人类一直在认识自己、了解自己和发展自己。我们每个人都是人类历史长河中一颗微小的沙粒。尽管并不是每个人都潜心于研究人类的历史和未来，但了解和认识自我具有非常重要的实际意义。只有了解和认识自我，才能适应变幻莫测的现代社会；只有了解和认识自我，才能更好地发展自己，创造美好的明天。所谓自我意识，是指个体对自己的各种身心状态的认识、体验，对自己与周围环境之间的关系的认识、体验，以及自己的愿望。在这里，自我意识和自我是同义词，包括躯体、生理和心理活动，个性特点和心理品质，与他人的关系等。

（二）自我意识的结构

自我意识是一个多维度、多层次的心理活动系统。自我意识从内容上可分为生理自我、社会自我和心理自我。生理自我是对自己生理上的内部与外部状态的意识反应。比如，对自己的身高、体重、肤色、形体、容貌、体魄和健康状况的认识等，在功能上对其具有占有感、支配感和爱护感。社会自我是对自己与他人的社会关系状态的意识，主要包括自己的社会角色和地位、所承担的社会义务和享有权利的意识感等。心理自我是对自己心理活动的状态的意识，主要表现在对其智力、情感意志、能力、气质、性格、需要动机及价值观等方面的认识。

自我意识从构成要素上可分为知、情、意三维度与若干层次。知，即自我认识，包括自我感觉、自我观察、自我观念、自我分析和自我评价；情，即自我体验，包括自我感受、自爱、自尊、自恃、自卑、责任感、义务感和优越感等；意，即自我意志，包括自立、自强、自制、自信、自控、自卫、自律等。

自我意识从观念上可分为现实自我、投射自我、理想自我。现实自我是对自我现实存在的实际状况的意识；投射自我是指自己以想象中的他人来认识自我的一种意识；理想自我，是凭自己设想中的自我形象来认识自己，是目标中的我，是对自己现实的观感，是一种现实自我的主观幻想，同现实自我有一定的区别。

自我意识从主观与客观关系上可分为个人自我与社会自我。个人自我又称"私我意识"，是一种个体觉察到自我不被别人了解的方面的心理状态，属于个人隐私的一部分。社会自我又称"公我意识"，是指对个体自我的一种外表的觉察。

另外，从社会文化的角度看，自我意识可分为"小我"与"大我"。弗洛伊德把人的意识分为本我、自我和超我："本我"，即原始形态的"我"，遵循快乐的原则；"自我"，即能较真实地意识到的"我"，遵循现实的原则；"超我"，是指在现实中升华了的"我"，遵循道德的原则。

二、大学生自我意识的误区

（一）自我评价方面的偏差

1. 以自我为中心

在自我意识的发展中，一些人表现出以自我为中心，突出表现是凡事从

"我"出发，对他人的感受、建议不屑一顾，当愿望不能满足时就会发脾气。那些以自我为中心的学生，想问题和做事情都从自己出发，缺少对客观环境及人际关系的冷静思考和分析，在集体生活环境中适应不良，难以赢得别人的好感，导致人际关系出现问题。

2. 分裂的自我

外在的自我和内在的自我缺乏同一性，即个体物质的我、社会的我、心理的我的各个方面不能彼此联系，不能整合成一个完整的自我。内在的自我与外在的自我的不统一，会导致对自己缺乏信心，对自我不满足和容易自我否定，总把目光盯在自己的缺点、劣势与失误上，遇事心虚胆怯，缺乏自信心，常常有退缩、逃避等行为表现。

3. 自负的自我

自负即自我膨胀，是一种过度自信的表现。多数人有较强的自尊心，好强、不甘落后，但如果把握不好度，物极必反，就会导致骄傲、自大、自我膨胀。

（二）自我体验方面的偏差

适度的自尊心和自卑感是个人健康成长必备的一种心理品质，同时也是个体自我意识发展的一种表现。这两种表现普遍存在于大学生群体中。这两种品质只要适度，就不会对大学生产生太大影响；但如果不适度，就会出现自我体验方面偏差。

1. 自尊心过强

自尊心是指一个人悦纳并尊重自己，包括责任感、进取心等多种积极的心理品质。自尊心较强的大学生拥有自信，能够努力克服遇到的困难，取得成功。但自尊心过强往往和骄傲、自大联系在一起。拥有过强自尊心的人缺乏自我批评意识，也受不了别人批评自己，往往以自我为中心，凡事都考虑自己，不能与他人和谐地相处。

2. 自卑感过强

自卑感是一种对自己持有否定态度的消极的情感体验。自卑感过强的人往往缺乏自信心，凡事都认为自己不行，缺乏主见，遇事从众。高校里的一些学生，无论容貌、品德、学习成绩还是人际交往等，都很优秀，一名大学生如果仅因为自己的某一方面无法与这样的学生相比，就贬低自己，无法看到自己的优点，自卑感过强，那么无论做什么事情，都注定是失败的。人只有认清自己的优缺点，才能树立信心，为自己定好目标，朝着目标不断努力。

（三）自我控制方面的偏差

人在现实生活中不可避免地会受到各种欲望的干扰和外界诱惑的侵袭。能够抵制各种诱惑、控制自己的行动，是一个人能够成就一番事业的关键。要想抵制诱惑，就需要有符合实际与自身情况的较强的自我控制能力来把握自己的行为。有些大学生看不到自己的特点和长处，消极懒惰地混日子，这会影响他个人活动潜能的发挥，陷入一种不健康的心理状态。有些大学生虽然有追求上进的愿望，但是遇到困难、挫折就消极退缩。还有些大学生由于对自己缺乏认识，存在从众心理，看到别人干什么就跟着干什么，然而一个人的精力是有限的，如果主次不分，就容易失去理想自我。这种缺乏目标意识的盲从心理，最终是什么都想抓，但什么也抓不着，枉费了宝贵的时间与精力，平添了许多烦恼。

三、大学生自我意识的调适

（一）正确认识自我

大学生正确认识自我需要处理好以下三种关系。

1. "我"与人的关系

与他人交往可以使自己更好地认识自我，可以说，与他人交往是个人获得自主观念的重要来源。在与他人的交往中，有自知之明的个体往往能够虚心向他人学习，从中获得可以让自己更好发展的宝贵经验，然后规划自己的人生。但在与他人的关系中，个人一定要正确选择参照系。

第一，确定与别人比较的是行动前的条件，还是行为后的结果。如果大学生因为自己家庭条件不如其他同学，在与他人相处过程中产生自卑感，自然就会影响自己与他人相处的状态。大学生应该认识到，家庭条件是自己无法选择的，而大学的学习成绩是自己可以把握的，所以要努力学习。

第二，确定比较的对象是与自己条件相类似的人，还是不如自己的人。与不同的对象进行比较会得到不同的结果，所以选择合理的比较对象至关重要。

第三，确定与别人比较的标准是相对标准还是绝对标准，是可变的标准还是不可变的标准。有的学生与他人进行身材、样貌的比较，这是毫无意义的。

2. "我"与自己的关系

从"我"与己的关系中来认识自我，看似很容易，实则非常困难。概括来说，我们可从以下几个"我"中去认识自己。

（1）自己眼中的"我"

这里所说的自己眼中的"我"是指自己可以实际观察到的"我"，包括身材、容貌、性格、年龄、性别、能力等。

（2）别人眼中的"我"

每个人都需要与社会中的人进行交往，在交往的过程中可以得到他人对自己的评价。如果他人的评价与自己对自己的评价比较相似，就表明自己对"我"的认知能力较好；如果他人的评价与自己对自己的评价相差甚远，就说明自我认知可能存在偏差，需要进行一定的调整。但需要注意的是，他人的评价只有客观、合理，才具有参考价值。

（3）自己心中的"我"

自己心中的"我"是指自己对自己的期望，即理想的我。对于现代大学生来说，虽然有多个"我"可供认识，但形成统合的自我观念比较困难。现代社会的急剧变化、改革开放后的多元价值观等，增加了大学生认识自我的难度。

3. "我"与事的关系

在"我"与事的关系中认识自我，即从做事的经验中了解自己。人们常常通过自己所取得的成果、成就及社会效果来分析自己，但会受到成败经验的限制。其实，任何活动都是一种学习，成败得失、经验的价值因人而异。对聪明又善用智慧的人来说，成功、失败的经验都可以促进再成功，因为他们了解自己，有坚强的人格特征，善于学习，可以避免重蹈覆辙；对某些自我脆弱的人来说，失败的经验会再次导致失败，因为他们不能从失败中吸取教训，改变策略，而是在失败后形成恐惧心理；对那些自傲自大的人来说，成功反而可能成为失败之源。因为胜利使他们骄傲自大，而这很容易导致失败。因此，大学生从成败中获得自我意识时一定要细加分析。

（二）积极悦纳自我

悦纳自我就是在正确认识和全面评价自我的基础上，欣然接受自我，恰当地评价自我。喜欢并接受自己，具有较高的自我价值感，是发展健康的自我意识的关键。积极愉快地接纳自我是发展健康的自我体验的关键和核心。每个人身上都有闪光点，要接受、喜欢自己，不必苛求自己做十全十美的人，要保持自己的本质，保持独特而又成功的自我。要有乐观、开朗的性情，全面地看待自己的优缺点，接纳自己的不完美，扬长避短，充分发挥自己的潜能。健康的心理要求一个人对自己保持一种接纳的态度，而且要愉快地接纳自己。概括来说，积极悦纳自我可从以下几方面做起。

1. 要理智、乐观地善待自我

大学生要用全面、发展的眼光来分析自己，既要看到自己的长处，又要看到自己的不足。要做到胜不骄、败不馁，树立远大的理想和志向，培养开朗的性格和乐观的生活态度。

2. 要坦荡、无条件地接受自我

大学生对自身存在的而又无法改变的东西都要敢于面对，并欣然接受；而对于可以改正的缺点，要主动通过自己的努力去改正。

3. 要正确认识挫折和失败

每个人的一生都会遭遇挫折和失败，但对此不同的人会有不同的反应。有的大学生对自己的期望过高，总希望自己在各方面都表现得很出色，但越是这样往往越容易导致失败；而有的大学生能够从失败中吸取教训、总结经验，这有助于他们走向成功。

4. 及时调整自我期望值

自我期望值是指个体在从事某项实际工作之前估计自我所能达到的成绩目标或水平状态。在现实生活中，自我期望值与实际成就之间总是存在差距。当自我期望值小于实际成就时，人就会体验到成功的喜悦；当自我期望值大于实际成就时，人就会体验到失败的痛苦。大学生既不能树立过高的目标，也不能期望值太低，要把自己的期望与实际情况相结合，学会不断调整和控制自己的期望值，树立一个合理的目标，以保证理想顺利实现。

（三）有效控制自我

自我控制是人主动改变自己的心理品质、特征及行为的心理过程。大学生要做到有效控制自我，应注意以下几点。

1. 目标要合理

大学生应该树立远大的目标，将自己的目标与社会的发展需要统一起来。但需要注意的是，每个远大目标都是在实现一个个小目标的基础上达成的。为此，大学生需要制定一些小而具体的目标，一步步地实现自己的远大目标。

2. 实现目标要有恒心和信心

任何一个目标的实现，都需要以坚强的毅力为保证。如对目标认识的自觉性和主动性、实现目标的恒心和毅力、克服困难的信心和决心、对成功的正确态度和较强的挫折耐受性等。大学生的这些心理品质都处于发展过程中，因此，大学生要特别注意增强自我控制的自觉性、主动性，将社会的需要转化为主观上实现理想的内部动机。

3. 进行自我批评

大学生可从以下两个方面来进行自我批评。

第一，进行自我反省，看到自身存在的不足，从而使自己成为更好的自己。

第二，面对失败，大学生首先应该从自身寻找原因，以免后期犯同样的错误。

4. 进行自我监督

对自己进行检查、督促，包括以下几个方面的内容。

第一，自知，即正确评价自己，不卑不亢。

第二，自尊，即要有个人自尊心和民族自尊心。

第三，自勉，即鼓励自己成为对社会有用的人。

第四，自警，即暗示、提醒自己，改正不良的心理习惯。

5. 进行自我调节

通过自我疏导，使自己从矛盾、苦恼、冲突、自卑中解脱出来。自我调节包括以下几个方面的内容。

第一，自解，即自我疏导，不自寻烦恼，不折磨自己、惩罚自己。

第二，自慰，即自我宽慰，知足常乐，淡泊名利，承认差距，降低欲望。

第三，自遣，即自我消遣，通过其他事情分散或转移注意力，如享用美食、去郊游、看书、练书法、绘画等。

第四，自退，即设身处地想想，降低标准，转移方向，另辟蹊径。

第二节　大学生的适应心理问题

一、适应及大学生要适应的变化

（一）适应

适应，原为生物学术语，是指生物体根据环境条件改变自身，协调自身与环境关系使之一致的现象。大学新生心理适应是指刚进入大学的学生在脱离原来熟悉的生活环境，进入大学新环境的过程中，根据环境的变化，积极调整自己的心理与行为，顺利进行角色转换，实现与新环境的平衡。

心理学用适应表示机体对刺激和环境变化所做出的反应。例如，对光、热、气味、声音等变化的适应，人对社会环境变化而在行为上出现的相应改变等。著名儿童心理学家让·皮亚杰在研究儿童心理发展之后认为，智慧的本质从生物学来说是一种适应，适应既可以是一种过程，也可以是一种状态。由于周围的环境在不断运动变化，而机体要正常地生存和发展，就一定要在活动中与环境保持平衡一致，即不断地适应。如果不能适应，机体就很难生活和生存下去。这说明所有生命和有机体都以适应为其生活和生存的条件和任务，正如生物学家达尔文所说的"适者生存"，只有不断适应环境，生命和有机体才能得以延续和发展。

（二）大学生要适应的变化

相较于中学时期的纯粹学习生活，大学生活有了不少新的变化。正是这些新的变化，给正在成长和转型中的大学生带来了诸多挑战，使他们面临适应大学生活的新问题。概括来说，大学生活中的新变化主要包括以下几个方面。

1. 生活环境的变化

中学时期，大部分学生就近上学，在家吃住，生活方面的许多事情由家长料理。上大学后，集体生活使大学生的生活独立性大大增强，校园及周边的文化环境和各种信息必然对大学生造成不同程度的影响和冲击。大学生面临远离父母需自己料理生活、集体住宿需自己安排作息、生活消费需自己计划开支、看病买药需自己判断做主、出门办事需自己应对困难等新的挑战。

2. 自身角色的变化

自身角色的变化主要表现在以下两个方面。

（1）从家庭角色到社会角色的转变

进入大学之前，家庭角色在大部分学生的生活中占主导地位。走读的学生每天都生活在家庭之中，住宿的学生每隔一两周就可回家一次。然而进入大学之后，大部分大学生在异地求学，与家庭的紧密联系逐渐被削弱，校园生活、社会生活成为其生活的主要部分。以往被父母、长辈保护着的"孩子"开始告别依赖，走向独立。

（2）从中心角色到普通角色的变化

我国大多数大学面向全国招生。许多新生入学之后会发现，班级中的同学来自五湖四海，也许每个人在过去都是家长的掌上明珠，是同龄人中的佼佼者，但是，跨入大学校门后发现，学习成绩、综合素质比自己优秀的大有人在，很多同学在中学时期的辉煌和优势不再显现。当初众星捧月的优越感已然没有，这就引发了一系列问题，如在人际交往中不知所措、心理有落差感等。

3. 学习方面的变化

大学阶段的学习和中学相比发生了很大变化，具有新的特点。

（1）学习任务的变化

中学教育的培养任务是使学生德、智、体、美、劳全面发展，为升入高一级学校打下良好基础。大学不仅注重学生的全面发展，还注重学生的能力、素质的培养。大学生没有升学任务，他们的主要目标是获取知识、掌握技能、发展能力、增强素质，成为能适应某种职业的专业人才。这是由大学的教育目标不同于中学的教育目标所决定的。

（2）学习内容的变化

学习内容从固定知识向专业技能转变。大学的学习不仅由被动学习转变为主动学习，在学习内容上也发生了很大变化。中学时期，在应试教育的主导下，学习的主要内容为固定的书本知识；而进入大学后，学习更注重专业性，需要学生在大量观点及理论研究成果的基础上有计划地、针对性地进行研究性学习，习得专业技能，提出自己的观点，培养科学研究能力，甚至有所创新。

（3）学习方式的变化

大学生的学习方式主要有以下特点。

① 教师讲授时间短，学生自修时间长。大学里更注重学生自学能力的培养，教师辅导较少，课余时间由学生自己支配。教师不再牵着学生走，而是引着学生走。在中学，学生几乎完全受制于教师，而教师几乎整天"围着学生转"。在大学，教师讲课方式非常灵活。教学方式的"自由"必然带来学生学习方式的自由，而学习方式的自由并非意味着可以放松，它要求学生树立自我识别、自我选择、自我控制、自我钻研、自我评价的自主学习观念，不断激发自我求知欲、探

索欲、创造欲，掌握各种学习渠道和手段，实现学习的自我管理。

② 作业分量减少。布置作业是让学生自己思考、自己总结，要求学生充分利用学校的学习资源查询资料，培养学生的独立思考能力和科研意识。

③ 考核方式灵活，考核次数减少。高校会根据各学科、各专业的特点采取考试、考查或做作业、写论文等方式，检验大学生的学习效果，使学生的学业负担相应降低。

4. 人际关系的变化

进入大学之后，学生的人际关系发生了较大的变化。在中学时期，学生的人际关系相对简单，通常只有同学关系、师生关系及亲缘关系，而进入大学之后，复杂的环境要求大学生必须与周围的人建立起良好的人际关系。概括来说，与中学时代相比，大学生的人际关系主要发生了以下几个方面的变化。

（1）人际交往的对象发生了变化

中学时代的人际交往对象主要有同学、教师、亲人，而进入大学后，由于活动范围扩大，大学时代的人际交往对象有同学、教师、异性朋友，有时还需要和社会中的人建立一定的人际关系。另外，来自全国各地的大学生被分配到一个宿舍中生活，他们的脾性、生活习惯等各不相同，很多大学生出现了不适应的情况。

（2）人际交往的要求发生了变化

进入大学后，面对新的交往对象，大学生要用自己的方式去进行人际交往。大学时代，人际交往的社会性逐渐增强。大学生刚进入一个新环境中，迫切需要建立新的人际关系。但很多大学生由于缺乏人际交往的技巧，经常出现人际交往问题。这些问题如果不能得到很好的处理，会对大学生的身心健康造成不良影响。

5. 发展目标的变化

在中学时期，学生的发展目标比较单一，即考入自己理想的大学。进入大学之后，大学生的发展目标不那么明确，也不唯一，家长和教师不再为大学生指明方向，良好人格的塑造和综合素质的培养成为大学生主要的发展目标。大学生可以根据自己的意愿将工作、考研或是出国作为自己的发展目标，根据不同的目标做不同的准备，做好规划，并朝着自己的目标不断努力。

6. 管理环境的变化

相对于中学时期在学校有教师的严格管理，事事由教师安排，在家有家长的严密监督，大学阶段则更强调学生自我管理、自我教育、自我服务和自我约束，许多活动都由学生自己组织。总体来说，大学的管理氛围是外松内紧。所谓外松内紧，主要是指大学中的各种管理就其形式来说很轻松，有一定的自由度，但其实质上更为严格。这种严格不仅来自他律，更来自自律。中学时代的学校管理是外力型的，而大学的教学管理和生活管理与中学时代有很大的差异。大学教师不像中学教师那样管得具体、细致，虽然大学辅导员关心学生的日常生活、起居事宜等，但是他们的职责更多的是通过指导、组织学生开展多种多样的活动，培养学生自立、自主、自理的精神。

二、大学新生常见的适应心理问题

（一）学习适应不良

大学生学习适应不良主要表现在学习动机缺乏、考试焦虑、学习方法不当三个方面。

1. 学习动机缺乏

我们经常看到这样的现象，一些中学时勤奋刻苦的学生在进入大学后，整个人便松懈下来，在"60分万岁"的旗帜下无所事事；有的人想把学习搞好，但总提不起劲，拿起书便觉得厌倦，这便是学习动机缺乏。学习动机缺乏的表现有如下几点。

①懒惰行为，表现为不愿上课，不愿动脑筋，不完成作业，贪玩；学习上拖拉、散漫、怕苦怕累，并经常为自己的懒惰行为找借口。

②容易分心，表现为注意力差，不能专心听课，不能集中思考，兴趣容易转移；学习肤浅，满足于一知半解；行动忽冷忽热，情绪忽高忽低。

③厌倦情绪，表现为对学习冷淡、畏缩，常感到厌倦，对学校与班级生活感到无聊；学习中无精打采，很少感受到学习成功带来的快乐。

④缺乏方法，表现为把学习看成奉命的、被迫的苦差事，因此不愿积极寻求一些适合自己的学习方法，满足于死记硬背，应付考试。由于缺乏正确而灵活的学习策略和方法，一些大学生往往不能适应新的学习情境。

⑤独立性差，表现为在学习上没有明确的目标，学习行为往往表现出从众性与依附性，随大流，极少有独立性和创造性。

2. 考试焦虑

大多数人面临重要的或关键性的考试，总会有一些心理压力，产生一定程度的考试焦虑。这是不可避免的，也是无害的，但严重的考试焦虑则对学习有极大的危害，并且威胁人的身心健康，具体表现如下。

①过度考试焦虑易分散注意力。干扰回忆过程，阻碍思维过程，造成考试能力下降。

②过度考试焦虑对心理健康有危害，使人情绪难以稳定，终日焦躁不安，或郁郁不乐。严重者还会走上自伤的道路。

③过度考试焦虑对身体健康有危害。过度考试焦虑的长期持续，可导致大脑神经活动兴奋与抑制功能失调，形成多种类型的神经症精神疾病。另外，易导致如冠心病、胃溃疡、胃炎、甲状腺功能亢进等疾病。

3. 学习方法不当

学习方法不当的主要表现在以下几个方面。

①学习无计划，整天忙于被动应付作业和考试，缺乏主动的学习安排。

②不会科学利用时间，加班加点但忙不到点上，效果不佳，或平时不抓紧，考试前手忙脚乱。

③不求甚解，死记硬背。

④不能形成知识结构，没有使所学知识形成体系化的框架结构。

⑤不会听课，课前不预习，课上开小差，不记笔记，或充当录音机角色，课后不及时复习和总结。

⑥不会阅读，不善于选择阅读书目，无阅读重点和阅读方法。

⑦分不清学习上的重点和难点。

⑧不善于把理论与实践相结合，不会学以致用。

⑨不善于科学用脑，不注意劳逸结合。

（二）角色与环境适应不良

大学生在对角色与环境的适应中，由于缺乏生活经验、自理能力较差、生活习惯和价值观的反差较大、对现实生活过分理想化、学习及人际关系方面的挫折等，往往会出现消极、悲观、孤独、压抑、失望、烦恼等不良情绪，严重的会形成心理障碍或心理疾病。

1. 理想与现实的差异导致困惑失望

很多大学生在入学之前，都把大学生活想象得完美无缺，如高效率的学习生活、生动活泼的课外活动、有意义的社会实践和高素养的人际交往等。有的大学生甚至把大学想象为"理想的世界""青年生活的乐园"。也就是说，他们对大学生活抱有不切实际的幻想和过高的期望，而对大学艰苦的学习和简朴的生活则缺乏必要的思想准备。当进入大学之后，他们就会发现现实生活中有许多不完善和不尽如人意之处，与期望形成强烈的反差，从而产生困惑、迷惘、失望感，进而情绪消极、低落。理想与现实的差异还表现在专业学习方面。入大学之前，许多学生把自己所学的专业想象得很有趣，认为自己选报的专业完全符合自己的需要。但入学之后，特别是学习一段时间之后，他们发现自己的专业并非如想象的那般，于是不安心学习本专业课程，甚至对自己的专业产生了反感和厌恶情绪。一位报考工科专业的大学生入学一年后，发现自己最感兴趣的实际上是文学知识，但由于专业限制不能调到文学专业，只好硬着头皮留在工科专业，虽不懈努力，但成绩仍然平平，最终产生强烈的失望感，患上严重的情绪障碍。

2. 角色地位的改变导致认知失调

大学生的失落感和自卑情绪，实际上主要是由过低的自我认知造成的。失落感和自卑情绪不仅影响大学生的学习和工作效率，而且影响人际交往，使良好的人际关系产生裂缝。失落感和自卑情绪还使大学生在集体活动中消极逃避，自尊受到伤害，严重降低了心理健康水平。

3. 人际关系适应不良导致孤独压抑

中学生与别人交往的范围较窄，机会较少，交往经验相当缺乏。进入大学后，他们面对许多陌生的人和新鲜的事，需要重新认识他人，结交朋友，建立新的人际关系。研究表明，大学生对新的人际关系的适应远比对学习和生活环境的适应困难。特别是在与周围的同学进行交往时，适应不良的现象更为常见。如因缺乏经验和技巧而不善交往、担心别人轻视自己而不愿交往、不敢与异性同学交往、由于性格内向而不会交往等。人际交往适应不良的大学生往往难以与他人沟通，造成人际关系障碍，并因此感到十分孤独和压抑。

孤独和压抑感的产生与处于青年期的大学生的心理发展特点有很大关系。大学新生由于自我意识的发展，进一步发现自己真实的内心世界。由此，他们不仅更深刻地了解了自我，而且认识到自我与他人的心理差异，意识到自我的独特之处，并产生了新的自我期待。这种期待表现为：他们渴望与人交往，希望了解他人的内心世界，以弥补自己的不足，并产生了被同龄人、社会接受的强烈的心理需求。一旦人际交往适应不良或出现人际交往障碍，而这种需求得不到满足，大学生就会感到自我期待无处寄托，产生孤独和压抑的情绪，表现为郁郁寡欢、孤僻古怪。这些特点往往令人不敢接近，因而加深了他们的孤独压抑感。如此恶性循环，使有些大学生产生了严重的心理问题和障碍。

4. "自由"的学习生活导致空虚烦恼

大学比中学更"自由"，如课堂教学时间安排比中学少，大多数自习和课余时间完全由学生自由支配；由于教学方式灵活多样，学生的学习更自由，即可以根据教学内容和自己的特点自由地选择学习方式；由于大学是一个信息密集并交互作用的地方，政治、经济、科技、文化和其他各种信息在这里传播，大学生可以在"自由"的时间里"自由"地摄取信息；由于父母不在身旁，大学新生开始走上独立生活的道路，于是他们在花钱方面比中学"自由"。大学生在学习生活中的种种"自由"，对于大学生独立性和创造性思维的培养都具有积极的意义。但是，

"自由"同时也意味着一切要靠自己去安排，一切都要靠自己去开创。而这种安排和开创却不是人人都能做到的，不少人在"自由"面前不能适应，变得无所事事，空虚无聊，甚至手足无措，产生忧虑烦恼。

三、大学新生适应心理的调适

（一）学习障碍的调节

1. 增强学习动机

增强学习动机的方法如下。

（1）明确学习意义

大学新生多参加一些社会实践活动，了解国情、民情，了解本专业能够对国家做出的贡献，并在实践中运用知识、发现问题，这样才能增强学习动机。此外，大学生可通过查阅资料，找出自己所学专业与社会需要的关系，逐一记录，整理成"专业知识动机表"，经常翻阅，以强化学习动机。

（2）培养学科兴趣

首先，大学生要明确这一学科的社会意义和专业意义，认识到它对自己的专业学习、品行修养等的影响；其次，大学生要带着问题去学，抓住本学科中一些无定论的、有争议的问题，多方搜集资料，独立思考，提出自己的看法，从而对专业产生强烈兴趣。

（3）树立课程学习目标

大学生可以用表格的形式设置课程名称、性质、学时、主要内容、知识学习的目标、技巧方面的目标、能力培养的目标等。这不仅能增强学习动机，还有利于形成完整的知识结构，并使自己成为学习的真正主宰。

2. 学会主动学习和自学

大学新生要逐步学会主动学习和自学。具体而言，应从以下几个方面做起。

（1）培养健康的心理素质

大学生毕业后从事的职业都需要和人打交道。只有个性积极向上、乐观自信、活泼开朗，善于与人交流和沟通，才有亲和力和好人缘，才能适应各项工作的要求。相反，如果个性消极低沉、不善于与人交流和沟通，则不容易受欢迎，也会影响就业和工作的开展。因此，大学生一定要把培养健康的心理素质作为一项重要的任务来完成。

（2）夯实专业基础

在大学时期，大学生不仅要努力提高自己的综合学习能力，还要正确对待专业课、公共课和选修课。对专业课的学习，应目标明确具体，主动克服各种学习困难，不断提高学习兴趣。用人单位通常按照所在行业的专业特点选拔大学毕业生，因此，个人履历表中的大学所学专业课成绩的优良程度，是一项重要的量才标准。

（3）选择正确的学习方式

大学的学习方式以自学为主，往往是教师领进门，做启发性的指导和答疑解惑，将大量的时间交由大学生自己去支配和决策。在实施学分制的大学，学生还可以根据自己的学习能力和时间安排，确定学习的相关内容和课程。因此，大学生都应该养成制定学习时间表和学习计划及学习效果评估表等良好的学习习惯。

（4）丰富基础知识

大学生在校期间往往学习某一门专业的学科知识，既要掌握扎实的专业基础知识，又要掌握邻近专业的相关知识；既要掌握理科方面的数理逻辑知识，又要掌握文科方面的文化历史知识；既要掌握熟练的计算机操作技术，又要掌握流畅的外语口语表达技巧。像这样能做到一专多能、文理兼容的复合型人才非常受欢迎。

（5）良好的语言表达能力

语言表达能力是现代人才必备的基本素质之一。在现代社会，由于经济迅猛发展，人们之间的交往日益频繁，语言表达能力的重要性也日益增强，好口才被认为是现代人的必备能力。因此，大学生一定要注意自己语言表达能力的培养。

（6）较强的动手能力

动手能力也叫实践操作能力，是从事任何一种专业性工作必备的素质。大学生如果只会背书本上的概念和理论，不会解决实际问题，就无法胜任工作。因此，大学生一定要改变只重理论知识而轻实践操作的观念。

（二）角色与环境的调节

大学阶段是人生重要的转折时期，有的心理学家称之为"第二次心理断乳期"。这一时期，大学生不但生理上发生了很大变化，心理上也逐步走向成熟并健康发展。大学生来到大学这一新的环境，面临许多新问题。要处理好学习、人际关系、择业等复杂问题，首先要做到心理适应，即改善自己的角色和提高环境适应能力。

1. 积极认识主客观环境

大学新生入校后，角色和环境都发生了变化，应该正确认识客观环境，合理调控自己的情绪，恰当地树立新的目标，为适应新的角色和环境创造良好的主客观条件。

正确地认识客观环境对一个人的心理发展有重要意义，如果不能正确认识环境，就难以适应环境，就会产生一些与环境格格不入的心理，长此以往，容易出现心理障碍或疾病。大学生都生活在具体环境中，并受其影响。人与环境除了一致的、协调的关系，还有矛盾的、冲突的关系。而在人的一生中，人与环境的矛盾、冲突往往是无法避免的。大学生非常希望有一个良好的育人环境，但是，大学校园毕竟不是"世外桃源"，所处的社会环境也不会尽善尽美。每个大学生都有权设计自己的未来，但是每个人的理想、愿望、动机或目的都应该和周围环境相一致。

2. 努力适应新的角色与环境

大学生对角色与环境的适应需要一个过程，不可能一蹴而就。大学生从以下方面去努力，可以缩短从中学生到大学生的角色转变时间，尽快适应大学的学习和生活环境。

（1）树立正确而稳定的专业认知

大学生专业认知稳定的程度与适应密切相关。刚入校的时候，往往有一部分大学新生产生专业认知问题，他们不愿意学或者不热爱自己所学的专业。这是大学生的主要心理障碍。主要原因是个人的期望、利益与社会的环境条件之间产生了矛盾。这就需要每个大学生正确处理客观存在的矛盾，树立正确而稳定的专业思想。

大学专业的设置是根据国家经济条件、科学文化发展的要求来确定的。因此，大学生的专业确定都受社会状况的制约。也就是说，个人的专业选择不是绝对自由的。考生可以有自己的报考志愿，但不能完全根据个人的要求被录取。当个人的选择与社会需要产生矛盾时，个人只能服从社会需要，不然就会出现有的专业学生太多，有的专业"后继无人"的现象，影响科学技术和社会的发展。还应该看到，我国能够进大学进行专业深造的人数极少，而大学学习的时间又极其珍贵。因此，每个大学生都应从国家政策的高度来认识所学专业的必要性和重要性，珍惜来之不易的专业学习时间；主动培养专业兴趣，热爱专业，顺利迈开大学学习生活的第一步。

（2）调整生活方式

生活方式对人的身心健康的影响越来越受到人们的普遍重视。生活习惯是生活方式的集中体现，是由于重复而成为习惯的行为方式。人的生活习惯包括饮食习惯、起居习惯、娱乐休闲习惯、学习习惯等。良好的习惯可以使人精力充沛、精神焕发、朝气蓬勃；不良的生活习惯会对人的身心造成危害。通过观察大学生的日常生活，可以发现，大学生群体存在一些不健康的生活习惯，如睡觉不规律、运动不足、饮食不当。

有些大学生生活没有规律，晚上熬夜不睡，早晨赖在床上不起，上课不准时，经常迟到早退，不能合理安排学习、休息、娱乐的时间，生活无计划，想到哪就做到哪。生活长期没有规律，不仅影响学习，而且容易使身心受损。大学生的体育运动不足，一方面是认识上的问题。他们错误地认为自己年轻、身体好，能吃能睡，用不着花时间锻炼。也有的大学生认为锻炼是浪费时间，不愿花时间去锻炼；另一方面是主观意志的问题。有些学生知道锻炼对于身体的好处，也想进行锻炼，但经常借口学习任务重、社会工作多，而不去锻炼。缺乏体育锻炼会导致躯体乏力、精神不振。饮食是维持人体生理与心理功能正常的必要条件，但是在大学生中饮食不当是比较普遍的现象。由于作息没有规律、早上睡懒觉等，部分大学生经常不吃早饭或胡乱对付一口；用餐不规律，不按时吃饭，经常错过正常的用餐时间，往往用方便面等食品来替代，或是想吃就多吃，不想吃就不吃。不良的饮食习惯容易造成营养不良、身体消瘦，严重者可能导致消化功能障碍。

生活习惯与人的身心健康有着极为密切的关系。养成良好的生活习惯会使人终身受益。大学生正处在成长期，具有一定的可塑性，完全可以通过主观努力与实际行动养成良好生活习惯。

第三节　大学生的学习心理问题

一、大学生学习心理概述

（一）学习的定义

学习有广义和狭义之分。广义的学习指的是人和动物在生活过程中经由实践训练而发生的由经验造成的相对持续的适应性的心理变化，也就是有机体以经验方式导致的对环境相对持续的适应性的心理变化。狭义的学习是学生在教学过程中通过与教师、同学及相关教学信息的交互作用来获得知识、培养能力和态度的过程。

（二）大学生学习的特点

大学生在学习过程中不仅会获得知识和能力，还形成了世界观和道德品格。了解他们的学习特点对提升其学习效率和能力至关重要。这些特点包括专业性、主动性、多维性和创新性。专业性并不意味着单一，因为学科间存在联系。大学生应利用课余时间自学，自主安排学习时间和地点，享受选课的自由。主动性意味着大学生需要主动学习，深入理解专业知识，并广泛涉猎其他学科。多维性体现在学习途径的多样性上，如网络学习、专题讨论等。创新性则要求大学生培养独立思考能力和创新意识，以适应学术环境并推动研究和创新。

二、大学生常见的学习心理问题

（一）学习动机不足

学习动机不足是指大学生的学习缺乏内在驱动力，没有学习兴趣和求知欲望，也就是学生经常提到的"学习没劲儿"。学习动机不足主要体现在没有明确长期的学习目标、学习没有计划、学习目的功利性、学习成果缺乏成就感等方面。

（二）学习动机过强

学生对学习成果期望过高，自尊心又强，渴望获得进步但是又担心学业退步，造成学习强度过大和心理压力过大，进而引起心理疲劳和考试焦虑。这就是学习动机过强，其主要体现在以下几个方面。

1.成就动机过强

学生往往急于取得成就并超过其他人，因此树立的抱负与目标远远超过实际能力与潜力，使得其面临失败和退步的时候更容易导致心理不平衡。

2.奖励动机过强

奖励动机过强的根源来自社会、家庭和学校的不适当强化。一些大学生在奖励上考虑得过多，因而一心只想得到学习奖励从而避免受到惩罚。他们考试分数往往较高，但学习方式比较呆板，不能举一反三，应变能力不强，知识面也不够宽。

3.学习强度过大，过度学习导致身心疲惫

大学生因为学习时间安排不当以及课程作业过多，使学习的时间过长、过紧，导致生理、心理得不到应有的调节与恢复，从而产生一种生理和心理的疲劳现象。

（三）学习态度不良

大学生的学习态度不良主要体现在以下几个方面。

1.学习兴趣广泛，专业兴趣淡薄

部分学生虽然积极参加社团活动，有着广泛的学习兴趣，但是专业兴趣淡漠，甚至有厌学情绪。

2.重视考试分数，应付学习

部分大学生平时不够努力，或者应付学习，考试将近才心急如焚，四处借笔记，熬夜突击，甚至作弊。

3.学习走捷径，读书不系统

某些人文学科的学生不读书、理工科的学生不做题，基础薄弱，知识面狭窄，素质一般，能力不强。

三、大学生学习心理问题的调适

（一）学习动机不足问题的调适

1. 了解自己的需要，提升自身的内部学习动机

首先，大学生要确定学好某科目能满足自己哪方面的需要，学好它会有什么好处，为什么要学好它。缺乏学习动机的同学，只有了解自己的需要，明确自己的学习目的，才能激发强烈的学习动机，从"要我学"转变为"我要学"，接着才能体验到掌握知识或技能后的成功和自身能力的提高。

2. 确定学习目标

适当的学习目标是指学生通过努力就可以实现的目标。大学生确定了要学的科目之后就要深入了解该科目学习的具体要求。大学生如果感到学习毫无头

绪，就应该咨询相关专业的教师。明确而适当的学习目标有利于激发个体的学习动机，使其获得强烈的成功体验。

3. 学会正确地学习

人总是孜孜不倦地寻找自己或他人成功或失败的原因，这种行为就是归因。在寻找学习成功或失败的原因时，大学生应该将原因归结于不确定但可以自我控制的范围内。比如，当学习取得成功的时候，将其归因为自己足够努力，可以督促自己为下一阶段的成功继续努力；而当学习暂时失利时，将其归因于自己的努力还不够可以激励自己继续学习。

4. 感受成功，调动学习的积极性

大学生用他们自身对学习意义的理解来解释教师提出的学习目标并承担责任。最新的研究结果表明，师生共同确定的学习目标更容易实现。学习目标的这种特性反映了师生关系中共同努力的作用。比如，教师给学生制定的学习目标是达到英语四级水平并获得四级证书。当完成这个学习目标时，学生的英语水平会大幅度提高。另外，教师给予学生更多的鼓励也会增加学生学习的成就感。

（二）学习动机过强问题的调适

①正视学习动机，提高需求层次，正确看待外部的诱因。

②客观认识自己的潜力，树立适当的学业目标与期望，调整成就动机。同时，还要脚踏实地，避免眼高手低。

③把表面的学习动机转化为深层次的学习动机，忽视外在的奖励特别是学业成就方面的诱因，正确对待自身荣誉与学习成绩。

④培养广泛的兴趣爱好，积极参与各类文化和娱乐活动，注意劳逸结合，还要偏重综合素质的提高，培养多方面的特长。

⑤端正学习态度，树立远大的理想，保持旺盛的学习精力，坚持不懈地学习。

（三）学习态度不良问题的调适

1. 积极完成角色和心理上的转换

大学生首先要充分了解大学与中学学习特点和方法的差异，以便尽快适应大学的学习和生活。大学可以开展理想教育，使学生充分认识到学习对人的发展的重要意义，指导大学生树立合理的学习目标，激发学习动力。

2. 与教师多沟通、多讨论，树立学习目标

大学的学习是自发学习。学生通过与教师进行深层次的沟通、讨论，能更深入地理解新课程学习的具体任务和意义，克服盲目性，养成积极、自发的学习态度。

3. 培养勤奋刻苦、永不满足的学习态度

大学生应认识到学习不是一时的游戏，也不是娱乐活动，而是一种自我提升的有意义的劳动，而且它不是平常、轻松的劳动，而是一种繁忙、持续的劳动，更是一项艰难而精密的动脑劳动。大学生要追寻理想，达到既定的目标，就一定要付出持久、艰辛的努力。

学并多学是一种选择，不学或少学也是一种选择。任何一种知识都是有用的，任何一种技能都可能成为傍身的本领。随着经济迅速发展、人民的生活水平不断提高，我们的生活也面临着越来越多的竞争和压力。在这样的环境下，留给我们的可生存空间或许只有脚下的地方。但是，大学生面对的实际生活不只是狭小的校园，而是整个社会环境，因此大学生只有不断提高自身的素质，才可以开辟属于自己的新天地。

第四节　大学生的交际心理问题

一、大学生人际交往概述

（一）人际交往的概念

个体通过一定的语言、文字或肢体动作、表情等方式把某种信息传递给其他个体就叫人际交往。认识、动机、感情、态度等都会对人际交往产生影响。认识指的是个体对自己与他人双向关系的理解与把握，它的作用是让个体在交往中可以更好地调整自身与他人的关系。动机的作用是引发、指向和强化人际关系。人与人的交往总是有缘由的，比如为满足某种需求、渴望或者有外部诱因。人际关系的重要调节因素是情感。个体总是会在交往过程中获得满意与不满意、喜爱与厌恶等情感体验，而个体调整人际关系的依据正是这种情感体验。所以，人际关系的重要组成部分就是情感。人际交往的重要变量则是态度，它对人际关系的建立、形成与发展有着直接影响。

人际关系是指人在与人交往的基础上形成的相对平稳的情感纽带。一个人想要有良好的人际关系，就必须进行人际交往。人际交往是一个动态变化的过程，人们之间的情感联系决定了人际关系的建立与保持。交往比人际关系更具动态性，其中的不确定因素较多，人际关系一旦形成就具有相对的稳定性。但是，这并不意味着人际关系是固定不变的，而是相对不变的。比如，进入大学之后，中学时的朋友虽然不在一个地方，但这段友谊不会因此发生巨大的变化。关系是一种动态给予和获得的常态互动，不是固化的。因此，用真诚、理智的态度去建立积极、健康的人际关系以及重视和谐人际关系的维持是十分重要的。

（二）大学生人际交往

大学生人际交往也称为大学生人际沟通，是指大学生个体在共同活动中彼此交流思想、传递信息、表达情感和协调行为的互动过程。大学生正处于学习知识、了解社会、探索人生的重要发展阶段，对社会交往有着强烈的渴望和要求。和谐的人际关系对于大学生而言，犹如阳光之于草木、水之于鱼。

首先，人际交往能够增强大学生的归属感和认同感，促进其心理平衡。人是具有社会性的动物，每个人都需要与人交流，大学生更是如此。大部分大学生刚进入大学时，在一个新环境中，常常会产生难以言表的孤独感和寂寞感，容易想家、思念家人。这时开展积极的人际交往活动，不仅有利于交流思想、相互了解，更有利于大学生在心理上产生一种对同学、集体乃至学校的亲密感、归属感和认同感，从中汲取心理情感能量，从而促进自身的心理平衡，达到心情舒畅、身心健康的状态。

其次，人际交往可以加深大学生对自我的认知。人总是以他人为镜去认识自我，并需要在与他人的交流、比较中认识自我和构建出自我形象。大学生在交往中通常以同龄人为参照，在他人对自身言行的反应、态度及评价中找到自己的价值和不足之处，摆正自己的社会位置，以使自己的言行更为恰当，创造自我发展和完善的条件。所以，大学生有必要全方位、多层次地与尽可能多的人交往，以获取更多可靠的反馈，从而实现正确认识自我的目标。

再次，大学生人格完善和发展的重要条件就是人际交往。影响个体人格的因素除了先天遗传，后天周边环境也是非常重要的。比如，长期生活在友好、和谐的人际关系中，个体的人格就会非常热情、开朗和主动；相反，长期生活在充满冲突的人际关系中的个体，则可能出现抑郁、狂躁或冲动等人格障碍。大学是一个人人格完善和发展的关键时期，正向、和睦的人际关系有助于大学生培养健全的人格。

最后，人际交往也为大学生事业成功奠定了扎实根基。现代社会中合作与竞争并存，由于职业流动的增加和大学生自主择业制度，社会对大学生的人际交往提出了更高的要求。大学生既需要凭借自己的人际交往能力开启求职面试的大门，也需要凭借与人交往、团队合作让他人了解、认识自己的能力、才干和品质，从而逐渐被社会认可，达到实现自我价值的目的。

二、常见的大学生人际交往问题

（一）不敢交往

在日常生活中的人际交往活动中，人们在面对不熟悉的人和处理未知的事时，会产生不同等级的恐惧心理，但每个人的反应不会一模一样。

一些学生在人际交往方面的反应比一般人要大很多。由于害羞和缺乏自信，他们在与其他人交往时不能够完全地放松心情，心会怦怦直跳，脸色也变得非常红润，与人交谈时不敢直视对方的眼睛，谈话的时候不能直截了当地表达出自己的意思，担心自己的观点和信仰会受到挑战或质疑。特别是在有很多陌生人的情况下或集体活动中，他们在与人交往和表达情感时更加畏惧。有些学生出现了更为严重的症状——社交恐惧症。

自卑也称为低自尊、缺少自信心和经常性的自我怀疑，是学生之间交流的主要问题之一。从表面来看，自卑的体验是别人看不起你，但更深的体验是自己对自己产生了否定的感觉。自卑的学生只考虑自己的弱点而看不到自己的优点，在处理人际交往问题或者生活实践中遇到的一些难题时，往往会有一些焦虑、沮丧、失望和抑郁的情绪，甚至总是认为自己存在很多不足。自卑的一个显著特点是扩散性。自卑的人常常感到羞耻，认为自己在各方面都不如别人，这使他们过分拘谨，缺乏自信，在交流中胆怯。在社交场合，人们害怕在公共场合被人看到，害怕被人取笑，有些人甚至产生了一种精神上的病症——社交恐惧症。自卑的人通常处于被动社交状态，不会主动在社交中释放交流的信号，从而避免社交。

羞怯也称害羞，是指学生不能充分表达自己的情感，往往会在社交过程中表现为害羞、胆怯，动作不自然，说话声音小，不敢表达自己的意见，敏感，担心别人对自己有不好的看法。在严重的情况下，害羞的人会对社会交往持消极和被动的态度。这很容易导致在与他人交流过程中出现误会，妨碍正常的沟通。

（二）不愿交往

大学新生若发现自己不再像高中时那样受人瞩目，便会产生嫉妒和自卑等心理，更有甚者产生了一系列心理障碍，因为他们认为自己没有别人优秀，担心别人不把自己放在眼里。如果同学之间的交往没有相互信任和理解，人际关系就会产生一些问题。有些学生缺乏人际交往能力，不懂得与人为善，甚至将同学视为竞争对手。有的学生很傲慢，不认可别人的努力。有的学生缺乏群体合作意识，以自我为中心，对周围的人和事表现出与自己无关的态度。有的学生在自己高兴时，愿意关心他人，不高兴时就把他人推开。学生之间缺乏人与人交往中最基本的体谅，甚至会为琐碎的事情而争吵。

有些学生总是逃避自己应该面对的事情，遇到事情就放弃，对生活缺乏热情，缺乏社交的欲望和兴趣。他们很自负，也很自满，且特别敏感，不能正确对待别人的评价和自己的错误，往往独来独往，不愿意与别人接触。大多数学生在进入大学后有强烈的人际交往愿望，但发现在与他人的交往过程中存在种种问题。这是因为很多学生对人际关系的向往非常理想化，把理想的友谊模式作为衡量生活中人际关系的标尺，结果是期望过高，失望很大，这导致一些学生常常对过去的人际关系大肆吹嘘，不能够根据现实生活中的例子对自己的行为进行反思。有的学生不知道沟通应该建立在平时交往的基础上，总是希望别人主动靠近自己、邀请自己，而自己却总是处于被动状态，不愿意主动靠近别人，或者只有在自己有事的时候，才会进行突击式的社交活动。一旦他们觉得自己在物质方面或精神方面得不到好处，甚至是一种负担，关系就会结束。长此以往，这种恶性循环不仅不利于人际关系的发展，也给学习和生活带来了问题和困扰。

（三）不善交往

我们都希望自己能够在人际关系和社交网络中是非常成功的人，拥有良好的沟通技巧和与人交往的妙招，但现实往往不能如大家所愿，许多学生受到人际关系问题的困扰。影响人们进行社交的因素包括心理因素、人格因素、认知和概念因素以及缺乏社交技能。

有的学生没有很好地理解和运用一些知识和交流技巧，所以在交谈中过于呆板、书生气和不灵光，他们想要主动进行人际交往却不知道如何表达，在技巧和表达方式方面存在很多不足，所以无法提高交流的效率。一些学生的认知存在偏差，在理解上存在问题，他们在交流中不注意给别人留下的第一印象，不注意交流方式，在说服别人、批评别人和拒绝别人方面缺乏艺术性。有些学生不注意与他人交流的原则，不知道如何为未来交往留一些余地。他们可能会粗暴地伤害对方的自尊，或不尊重对方的生活习惯和习俗，或假装理解或赞美对方。这些都会伤害他人的自尊心，从而影响同学之间的交往。

（四）缺乏技巧

大学生通常渴望发展亲密的人际关系，但由于沟通技巧不佳，沟通能力有限，在沟通过程中不能根据自己的情况和他人进行恰当的沟通，最终沟通失败。长期的沟通失败使一些学生认为沟通是人际关系中的难题，逐渐变得不想主动与他人交往和接触。学生的人际交往能力受到很多方面的影响，如性格、原生家庭、成长环境和生活经历等。学生的性格和对人、事、物的态度是在各种因素作用下形成的，但性格和人际交往的技巧和能力是可以不断学习并得到提高的。大学生如果敢于面对自己，了解自己，坚持不懈地学习，积极沟通，掌握沟通的原则和技巧，那么在大学这个小圈子里一定会受益匪浅。

三、大学生人际交往问题的调适

（一）提高对自我的认识

大学生出现很多人际交往问题主要是因为认识不足，包括对自我认识不足、对他人认识不足、对交往观念认识不足等。因此，大学生尤其要注重从以下三方面提高自己的认识。

1. 正确认识自我

要想打造和谐的人际关系，提高自我认识是第一步。因为客观、准确地认识自己和评价自己，能够帮助自己摆正位置、调整情绪，避免过分自卑和自负，进而以积极、乐观的心态面对交往过程中的问题。

2. 客观评价他人

大学生是在一个小型社会中进行人际交往，所以不能以自己的个人价值和个人标准来要求他人，而必须关注他人的品质和优点，客观评价他人，充分肯定他人，尊重、赞扬和学习他人身上值得学习的地方，包容他人的不足之处。通过这种方式，大学生可以用正常和平等的方式与他人进行交往，从而提高沟通能力。

3. 改变交往观念

在人际交往的实践中，我们可以发现，一些关于沟通的错误观念影响了大学生之间的正常沟通和交流。因此，大学生应该改善人际交往问题的处理方式，用积极正确的认知看待沟通。例如，人际沟通是一个心理上相互安慰和拉近的过程，为了获得友谊，大学生应该主动向对方发出友好的信号，不应根据自己对他人的第一印象就判断这个人的品性，从而影响到与他人交往的行为，而应以包容的态度和他人相处，改变自己的行为以适应他人的习惯，与志同道合的人建立密切的关系，同时对那些不会在未来发展关系的人或是不适合做朋友的人保持客气的态度。

（二）调节自身的异常心理

1. 闭塞心理的调节

（1）提高个人素质，培养个体性格

大学生要正确认识自己，不能过于悲观，也不能过于自负，要敞开自己的心扉，树立人际交往的信心；努力学习，善于思考，在提高个人文化素养的同时，也要提高自身的思想道德修养和心理素养；加强自信心训练，改变自己对人际交往的看法，积极投身交往实践，去体会交往中的快乐和喜悦，从而不断提升自我的人际交往能力。

（2）热心帮助他人

人们之所以要建立良好的人际关系，是因为人们需要并且希望从中获得帮助。所以，处理好人际关系不仅会带来物质上的帮助，还会带来精神上的帮助。当同学在生活和学习上遇到困难时，给予他理解和支持，可以缩短彼此之间的心理距离，增强彼此的好感；热心帮助同学，能够获得对方的信任，而信任感对于建立良好的同学关系是一种很好的保障。

（3）主动和他人交往

大学生对自己的大学生活充满热情，希望交到更多的朋友，但是仅有强烈的交友愿望，却没有主动交友的意识。这是因为很多大学生担心自己主动与他人交往，他人会不理睬自己，所以总是等待他人来接近自己，但是他人往往也不会太主动。如果想要交往，就要消除这些顾虑，大胆尝试与他人主动交往，一次交往的成功，会使以后的交往变得更加容易。要知道，友谊不是单方面的付出，也不是单方面的索取。

（4）多参加集体活动

大学生融入集体，去感受集体的温暖。当获得集体给予的快乐时，大学生也要给集体带去快乐。大学生应彼此分享，建立更加和谐的人际关系。

2. 胆小羞怯心理的调适

首先，要正确理解羞怯心理。社交怯懦和害羞心理的出现主要是大学生的防御心理在起作用。大学生在人际关系中感到失望时，为了避免再次失败就会产生的防御心理。防御心理的主要表现有害羞、尴尬、窘迫、交流迟缓、害怕露脸、害怕与他人独处等。这主要与挫折感、自卑感、焦虑感和交往中的痛苦感有关，这些情绪不会随着时间的推移而自行减少。

其次，适应羞涩和害羞是明智之举。要减少羞涩和害羞的负面影响，一定要先改变自己的心理状态，然后进行必要的心理锻炼。

3. 偏执心理的调节

（1）培育爱心，善解人意

偏执的人往往是缺乏爱的人。有些人对爱不敏感，因为他们接受了太多的爱；有些人只要求别人的爱，却不想给予别人爱；有些人冷漠无情，因为他们接受的爱太少或根本没有爱。因此，为了对偏执心理进行调节，首先必须培养自己对爱的感知，从对小动物和大自然的爱开始，以对他人和社会的真诚和善良之心为最后的发展。只有这样，大学生才能做到善解人意和不固执。

（2）培育宽容心，杜绝怨恨

宽容是与人真诚相处的态度之一，怨恨是人与人之间不能相互兼容的一个根本原因。偏执的人对自己往往充满了怀疑和怨恨。宽容是降低自己对他人的要求和对他人公平的一个基本条件，所以大学生们应该注意培养宽容的心态。

（3）积极沟通，淡化猜疑

经常性的猜疑属于偏执性格的一种，也是缺乏人际交流的后果之一。主动与同学、朋友说明自己的想法，表达自己的情感，经常主动和他人进行想法上的交流，热情地对待他人，就能拉近与他人之间的距离。

偏执的人的情绪不会特别稳定，很容易出现激动情绪。当出现分歧时，他们会与他人争论，争吵不休；当失败时，他们会把气撒在别人身上，让同学和朋友无辜受罪，而自己感到非常懊恼。因此，培养和提高一个人控制自己情绪的能力是调节偏执心理的一种非常有效的手段。

4. 嫉妒心理的调节

（1）认识自己，正确分析自己的优势和劣势

嫉妒是一种不正常的自我意识，是因与他人之间存在一定的差距导致自尊心丧失而产生的，即一种程度比较重的自卑感，而这种自卑感是不知不觉产生的。人总会有各种各样的优点和缺点，但人们往往难以接受自己的劣势，往往高估自己的能力，认为自己在各方面都比别人强，比别人有更多的优点，从而产生强烈的自我价值感，但实际情况恰恰相反，自己可能处于劣势，并有很多缺点。这种差异造成心理上的不平衡，最终引发了嫉妒心理。因此，大学生要学会全面了解自己，看到自己的长处，面对自己与他人的差异，有意识地调整自己的注意力，对自己情绪和感受进行调整，从而达到新的平衡状态。

（2）正确对待他人

无法欣赏他人的长处是嫉妒心理产生的最重要的原因。一些人看到他人的优势时，不是吸收他们的优点以提升自己或通过公平的竞争来超越他们，而是把他们的长处视为自己进步的障碍，并对他们采取行动，如诽谤。为了抑制嫉妒心理的膨胀，我们需要学会善待他人，特别是正确看待他们的优点，并以宽容和公平的态度看待他们所取得的成就，使嫉妒转化为我们提高自己的动力源泉。嫉妒实际上是由内心的不平衡情绪引起的。当这种内部不平衡出现时，大学生们首先应该从自己的角度找原因，思考自己怎样做才能比他人做得好，或者怎样才能变得比他人更强大。这可以将消极的嫉妒转化为争取成功的动力。大学生如果能够消除嫉妒心理对情绪的操控作用，为他人的成功和成就感到高兴，就不仅在消除嫉妒心理方面迈出了理想的一步，而且达到了一个很高的水平。

（3）树立自信心

大学生要消除嫉妒心理就必须具有自信心。因为没有自信才会产生嫉妒，自信需要自己主动去培养。大学生要培养自己良好的个性，因为人越有个性就越不会嫉妒，人越有自信，心胸就越开阔，就不会计较一时的得失，踏踏实实立足于现在，对未来充满希望，即使心中有怨气、有苦闷，也会用良好的心态去化解，而不会受嫉妒的困扰，更不会因嫉妒去伤害他人。

大学生要乐观看待自我与他人。当自己被他人嫉妒时，不要愤愤不平，而要善于帮助他人。大学生也不能自高自满，轻视或厌烦他人，甚至是回避对方。其实，最好的方法是找对方聊聊，发现彼此的优点和不足，用真诚去消除对方的嫉妒心理。当自己嫉妒他人时，大学生应该意识到，自己之所以嫉妒，是因为他人在很多方面有优点，而自己在这些方面有不足，需要对不足加以弥补，可以主动和对方交流，吸取经验，争取进步。

（4）提升自身能力，提高自我修养

大学生要尊重别人的努力，并且促进自我发展。有的时候，遭到他人的嫉妒表明自己在某些方面具有优势。但有的时候，自己嫉妒他人，如果不熄灭嫉妒之火，嫉妒就会成为冲突升级的导火索。

第五节　大学生的网络心理问题

一、大学生网络行为现状

（一）大学生网络行为分析

　　网络似乎无所不能，大家可以利用网络进行即时聊天、查阅新闻、搜索资料、更新微信朋友圈、登录 QQ 空间和微博等，可以在网上购物、点外卖、订酒店、订票和上网课等，也可以在网上听音乐、打游戏、看视频、看直播和读小说。我国网民规模超过 10 亿，而大学生更是"无人不网"。对于大学生来说，上网已经成为学习生活的重要组成部分。现在的大学生基本从小就接触网络，大部分学生每天上网时间为 2 ～ 3 小时，大多数学生能合理利用网络，借助网络提高学习效率和学习效果。但大学生喜欢尝试新鲜事物、追逐刺激，自我控制力较弱，在享受互联网带来的极大便利的同时，也容易在身心健康方面受到较大的负面影响。有的学生对网络游戏欲罢不能，有的为了追电视剧而"废寝忘食"，有的为了网上购物而负债累累。

　　大学生对网络的依赖程度较高，把上网作为一种习惯。现阶段，上网刷朋友圈、看视频、打游戏等娱乐活动影响了一些自制力差的学生的正常学习和生活。有的学生逃课上网，有的因玩游戏荒废学业，甚至有些学生沉迷网络，患上了网络成瘾症。一些学生说："一般情况下，只要有时间我就去上网，在上课的时候，我也控制不住地想上网。"由此我们可以看出，部分学生把大量的时间和精力放在网络交友和休闲娱乐上，并没有把互联网当作学习知识、开阔自身视野、增长自身才干的工具。

（二）大学生使用网络的现状

　　网络深受广大大学生的关注和喜爱。大学生使用网络的时间比较长、频率比较高，易受网络上各种思想和观念的干扰和影响。而且，大学生因缺乏网络安全意识而上当受骗、误入歧途的现象也偶有发生。

1. 事实分辨能力不强

大学阶段的学生，其世界观、人生观、价值观等观念都处在萌芽期，网络世界纷繁杂乱的信息会使大学生的价值取向出现偏差，降低其分辨是非的能力。很多大学生不具有成熟的判断能力，对各种信息的分辨能力较差，在网络世界容易受到负面信息的影响和不法分子的蛊惑。

从前，大学生所能接触到的信息主要来源于家长和教师。家长和教师会把信息中的不良成分过滤掉，将优质信息灌输给大学生。而在当今社会，各种信息通过网络等传播路径完整地呈现出来，即便有杀毒软件、防火墙等高科技技术，也无法完全净化所有信息中的有害部分。而由于大学生缺乏分辨能力，如拜金主义、享乐主义和极端的个人主义等负面信息会影响大学生的身心健康。一般情况下，大学生都是独自上网，主动接受网络信息，没有相应的监管和参考，又缺乏分辨能力，其价值取向很容易受到负面影响。不良信息甚至会让大学生在日常生活中进行道德选择时出现迷茫甚至价值观紊乱的现象。

2. 价值判断能力不强

互联网为人类带来开放的思想以及丰富的信息，同时也带来多元的文化、价值观和道德意识，这给传统价值观念带来了挑战，使人们对道德和价值有了一定程度的改观。

未来学家阿尔文·托夫勒在《权力的转移》中提出，世界已经走出了暴力和金钱统治的时代，未来世界的魔方将控制在拥有信息强权的人手中，他们会使用手中掌握的网络控制权、信息发布权，利用英语这种强大的文化语言优势，达到暴力、金钱无法征服的目的。西方部分国家在此思想浪潮影响下，利用网络手段加快对我国思想文化的渗透，使互联网上充斥各种不良思想言论、各种质疑马克思主义的不当论调。在大学阶段，大学生的价值观还未完全形成，没有较强的分辨能力和坚定的信念，很容易受互联网上不良思想和论调的误导。其民族观念和爱国主义思想会因受到冲击、扭曲而变得淡薄，导致其降低价值判断能力。面对复杂的网络内容，大学生的信仰和信念非常容易动摇，他们很容易被带偏而走弯路、错路。

3. 网络安全意识不强

在网络安全方面，大学生意识不强，容易受到网络安全威胁或网络侵害。人做任何事都有动机，而动机的主要来源是外界的物质刺激和内心的精神需要。大学生如果单单想如何在互联网中获取信息资源而不去想如何保护个人信息，那么在使用网络时，就不能在思想上认识到网络安全的重要性和必要性。大学生是未来社会发展的智力担当，具备网络安全意识是保护网络安全的第一关。

部分大学生的私人电脑没有设定开机密码；大多数大学生并不注重网络信息安全，在网上发布自己的照片和其他真实信息；还有一部分大学生习惯将自己的生日或其他简易数字组合用作自己的网络通信工具的密码，甚至可能通过互联网发送相关的银行账号和密码。以上种种现象，都容易使大学生成为网络事件的受害者。

4. 网络自控能力较弱

自我控制指调整并控制自我行为和心理。自我调控能力指运用各种手段方法，应对日常生活的各种问题，进而达到把控自我的目的。大学生在日常生活中要学会正确把控自己，培养良好心态，这对大学生个人的身心健康和学校的和谐发展都有好处。然而，在实际生活中，一些学生的自我调控能力不够强，主要表现为性格暴躁、意志不坚定、认知相对偏颇、心胸比较狭窄等。网络对大学生自我把控能力的影响包括以下两个方面。

（1）沉迷于虚拟交友中

得益于大学时期宽松的学习环境和相对缓慢的生活节奏，大学生的自主空间较大，部分大学生沉溺在网络空间和网络游戏世界无法自拔，导致自己的身心健康受到损害。大学新生无论在学习中还是在生活中，都十分渴望自由。而开放而又虚拟的互联网平台能够让大学生摆脱真实世界中的各种约束和监督，获得内心向往的"自由"，所以网络就成为大学生实现"自由"的乐土。很多大学生认为，互联网世界里有他们志同道合的朋友，有他们的社交人脉圈子，在网络世界可随意获取资源、发布信息，把互联网当作重要精神乐园。除此以外，对于大学生来说，互联网开放、虚拟的环境，以及各种不良信息，如暴力、色情信息等的诱惑力相当大，使他们不知不觉沉溺其中，对世界的认识也慢慢扭曲。

（2）沉溺于网络游戏中

"传奇""英雄联盟""王者荣耀"等字词对于很多大学生而言充满魔力，因为这些都是大学生喜爱和追捧的网络游戏。英姿飒爽、身形魁梧的战士手持宝剑，伴随此起彼伏的喊杀声在荒漠或草原上肆意驰骋，砍杀各种怪物，是网络游戏里比较常见的场面，而丰富的剧情设定以及绚丽夺目的色彩特效，对大学生有极大的诱惑力。大学生无论生理还是心理都还处于发育阶段。他们可以在网络世界得到在现实生活中得不到的满足，尤其是有关武侠、战争等距离现实生活较远的事物，在互联网世界都可以通过角色扮演来尝试。一些大学生会将玩游戏时的心态带进日常生活中，甚至做出打架斗殴等影响恶劣的行为。

二、常见的大学生网络心理问题

（一）网络成瘾

网络成瘾指的是在无成瘾因素作用时上网所发生的行为失控，如对网络操作时间难以掌控，因在网络世界中沉迷而导致社会心理功能明显受损等。

1. 网络成瘾的类型和表现

结合目前绝大多数研究成果，我们可将大学生网络成瘾的类型归纳为以下几种。

（1）对网络游戏成瘾

最近几年，网络游戏的功能、种类和各方面设计都得到了空前发展，大学生已然把网络游戏当成消磨课余时间的首选，无论在宿舍还是在网吧，大学生在网络游戏上花费大量的金钱、时间和精力，丧失了部分自我把控能力，难以做到在学习和游戏之间的合理化平衡。

（2）对网络色情成瘾

对网络色情成瘾指大学生在上网时更多去关注色情图像、影片和音乐，常常沉溺在相关的色情作品中。

（3）对网络交际成瘾

通过聊天室、QQ等工具，大学生实现了在网上的人际交流，建立各种关系甚至找到了爱情。对互联网聊天工具的成瘾性让大学生把更多精力和时间投入网际交往中，并且认为网上的朋友比现实中的朋友更重要。

（4）对网络信息成瘾

对网络信息成瘾指不由自主地在互联网上搜集不急需、不重要的信息。有此习惯的大学生往往浪费大量时间、精力去互联网浏览并搜集各种信息，类似被强迫的心理使其学习效率大大降低。

（5）其他形式的强迫行为

该类成瘾者主动将大量的时间、金钱和精力浪费在网络世界中的聊天、购物甚至网络赌博等活动上，或者使用某些无任何价值的软件，自己明明知道没有必要这么做，但控制不住，其学习任务往往因此而无法完成，人际关系也因此受到影响。

2. 网络成瘾的界定

北京军区总医院中国青少年心理成长基地主任陶然教授团队总结出网络成瘾的九条诊断标准。

①对使用网络的渴求。

②减少或停止使用后的戒断。

③耐受性增强，也就是网瘾越来越大，需要不断增加上网时间才能达到同样的满足程度。

④对网络的使用难以控制。

⑤不顾危害性后果。

⑥放弃其他活动。

⑦逃避问题或缓解不良情绪。

⑧诊断须具备①②两条核心症状及后五条附加症状中的任意一条。

⑨病程标准为平均每天非工作、学习日连续上网≥6小时，符合症状标准≥3个月。

3. 网络成瘾的原因

（1）网络自身的诱惑

首先，计算机和网络是人类创造的最新"玩具"，而且更新换代的速度非常快，具有很大的可操作性，能满足人们的控制欲。计算机给普通消费者提供了一个前所未有的空间，让他们有机会充分发挥自己的主观能动性，而不是作为一个被动的接受者和使用者。也就是说，计算机和网络的某些特性具有成瘾性。

其次，计算机网络交流与现实生活中的面对面交流相比，存在许多不同，包括语言特点、匿名性、多对多、即时性、范围广、自由度高等。这些特点使得有些人可以随心所欲地变换和塑造自己的品质和人格特点，具有很大的吸引力，很容易使人上瘾。

再次，网络游戏对大学生的诱惑非常大。网络游戏以其在互动性、真实性等方面都超越其他游戏的高水准数字化音像享受特点，让身处其中的人进行分工并饰演不同角色，导致很多大学生用户沉迷于虚拟情境中。部分在现实社会里外貌不佳、胆小、自卑的大学生，在网络游戏世界可以化身可爱的白雪公主或快意恩仇的大侠。

最后，网络还是其他成瘾行为的一种媒体。例如，网络很容易成为赌博、游戏、性、暴力的便利媒体，并且在网络上存在许多这类信息和渠道。

（2）家庭背景的影响

一些家长仅仅在物质上满足了孩子，却对他们的心理问题毫不关心，缺乏对孩子相关方面的教育，这导致很多青少年通过上网来发泄情绪。家长对自家孩子的态度和教育方式影响了孩子在网络方面的成瘾性。

（3）互联网用户自身的因素

根据国内外相关调查，性格内向孤僻、容易产生敏感情绪、在交际上表现困难的人更容易对互联网成瘾。相较于无法自我实现的现实世界，他们更愿意在互联网世界中寻找自我发挥的空间。此外，很多人视网络世界为自己逃避现实的港湾，当在现实生活中发生家庭不和睦或者遇到不顺心、不痛快的事时，更倾向于上网发泄。

（4）互联网本身的内在因素

从某种意义上看，一个人对网络成瘾和酗酒、对毒品成瘾没有太大区别。相关调查研究显示，人类大脑中的内啡肽含量会随上网时间的延长而增加，内啡肽会使人短时间内高度兴奋，让人沉溺网络无法自拔，但在上网结束后，人脑中的内啡肽会渐渐消散，上网者会出现比上网之前更加颓废和沮丧的感觉。

（二）网络情感依赖

1. 网恋

网聊、网恋、网婚是大学生在网络活动中感兴趣的主题。许多大学生在生活中性格内向、不善言语、情感表达方式不当，因而常常把现实中的感情转移到网络世界。在这里，他们能自由地表达自己的情绪和情感，从中得到安慰、关爱、自尊等。但是对网络的过度依恋，往往会导致大学生情感的变化。大学生网恋的主要原因包括以下几个方面。

（1）感情表露和角色错位

正值青春期的大学生，具有较强的人与人交往的需求和愿望，他们期待友情和关爱，有与同龄人交往的心理需求。匿名性是网络最突出的特点之一，人们可以隐瞒自己的真实姓名、性别、身份、外貌、学历、所在地等标志性信息。在网恋中，网络在缩短彼此空间距离的同时，也缩短了彼此的心灵距离。在网络上，人们可以根据自己的喜好扮演某个角色，现实生活中的缺憾也可以通过网络制造出来的虚拟感来弥补，即使是性格内向、胆小、不善交流的大学生在网络中也能找到自信。

（2）同龄男女的从众心理过强

通常情况下，同年龄段的男女在行为上的从众心理在互联网世界也有相应体现。有网恋经历的大学生的同学或朋友，很多也有网恋经历。从人际交往互动角度看，家庭环境、兴趣喜好、思想认识等方面比较接近的同龄人，在人际交往关系中最容易互相影响。

（3）缓解现实生活中的压力

网恋因具有较强的隐蔽性，不易被家长和学校发现，故受到大学生青睐，被他们当作宣泄情感的重要途径。另外，很多大学生具有浪漫情结，往往通过新奇而又浪漫的互联网来让大学生活充满快乐和轻松。有些大学生则认为，互联网突破了现实生活中的局限性，网恋比现实生活中的恋爱更加生动、精彩，更具迅速和直接的特点。

2. 网络情感异化

长时间接触网络会导致一些大学生的情感异化。网络虽然可以促进大学生提高认知、培养情感、塑造人格和行为互动，但与现实直接面对面交流是不一样的。青年时期是个体获得社会认同感的关键期，他们的喜、怒、哀、乐等情绪是其社会化的过程中必然出现的，而实现这个过程的必要环节是将自己置身于现实的人际互动中。在以计算机为终端的网络中，由于匿名性而隐藏的身份，使他们在充分表达自己的同时，也离现实社会越来越远，离现实的情感需求也越来越远。

三、大学生网络心理问题的调适

（一）正确的网络认知

互联网的出现与发展，宣告高速信息时代的到来。互联网在真正意义上拓宽了人际交往的空间，消除了世界各地网民沟通交流的地理障碍，深刻改变了人与人和人与社会之间的关系，使人类进入一个全新时代，实现了人们居家办公，通过互联网进行学习、购物和经济交流等愿望，深刻影响着人们的生活。互联网世界既充满自由和欢乐，又具有一定的诱惑性，还存在着一些危险。互联网对于大学生而言，应该仅仅是一种不可缺少的学习和生活工具。破坏互联网、滥用互联网会影响社会正常秩序，危及每一个人。互联网世界并非真实世界，网络上的成功与真实世界的成功并不能画等号，虚拟化的情感宣泄和情感满足只是短暂的，网络不仅能带来鲜花美酒，也能带来不可估量的后果。部分沉溺于网络世界的大学生，其记忆力随上网时间的延长而日渐下降，同时逐渐厌烦学习，甚至会逃课上网，不关心身边的任何事，进取意识逐渐下降，与同学间的关系也会变得紧张。除此以外，故意夸大网络功能，将网络作为解决所有问题的途径，因网络让人迷失、欺骗他人、造成社会秩序的紊乱而对网络全盘否定的做法，都是不对的。大学生要树立对网络的正确认识，合理运用网络资源，提高自我把控能力，认清真实的内心需要，学会妥善处理网络世界和真实世界之间的关系，防止自身的心理健康出现问题。

（二）自律和自我管理

自律包含两个方面：第一，自律代表理性和自由，讲究道德觉悟和人格尊严，并不取决于内在本能以及外在必然；第二，自律代表自我约束和自我把控。一个人只有做到自律才能充分培养自我把控能力，养成"慎独"的习惯，进而保持自尊和独立自主性。互联网世界包含海量信息，也充斥着各种文化和价值理念，当然也有各种论断和诱惑，既充满自由又缺少相应的外在约束。面对互联网的虚实难辨、纷繁复杂，大学生会因分辨能力弱、自我管理能力差而产生各种网络心理问题。

此外，一些大学生沉溺互联网本质上是对现实生活的逃避以及社会责任感弱化，这并不能有效解决大学生在现实世界中遇到的问题，反而会让他们更加迷茫、找不到生活重心、无法解决在人际交往的问题，并且存在使他们做出反社会的非理性行为的可能。互联网世界中的缘分不讲究承诺，没有约束，大学生心中风花雪月的愿望可以在这里得到实现。但是，大学生往往希望将互联网世界虚拟的恋爱快感转接到现实世界，但这种愿望极易破灭，而后，大学生重新回到互联网世界，如此恶性循环，大学生的内心更加空虚，对现实的交往和情感更加淡漠，进而加重心理的脆弱性。曾有报道称，一位大学生因其"网络妻子"突然掉线而焦虑、茶饭不思，在五天四夜后不顾同学的劝阻和教师的教导，独自一人出去寻找。

现代社会，很多人难以感受到他律的影响力，因而自律就显得尤为重要。不懂得自律的人往往不会自尊自重，也不能获得自由、实现自我价值。大学生要保持正常的作息规律，合理安排生活和工作以及上网时间。此外，大学生要勇敢地面对现实和人生，多参加有益于身心健康的社会活动，摆脱对互联网的依赖。

（三）进行团体心理辅导

团体心理辅导指的是心理辅导者借助团体的力量和心理辅导理论与技术，为他们提供行为训练的机会和心理帮助，指导团体成员自助，通过这些方法解决团体成员共有的心理和发展问题，改善团体成员的行为和人格。

团体心理辅导要求治疗团体营造群体环境，使心理障碍者成为团体的一员。心理障碍者在心理辅导团体中，会发现其他成员也有类似的心理问题，甚至比自己更严重，这种现象可以缓解心理障碍者的焦虑和担忧，同病相怜的现状会增强心理障碍者的认同感和归属感，让他们在心理上感受到一定的社会支持，其从众行为会因此增多，群体归属感也会相应增强。在团体辅导过程中，拥有相同或相似心理障碍的人可以提供更多有关个人价值、解决方法和人格形成的观点，并一起分享团体资源。此外，团体心理辅导过程中，群体氛围和压力下，情绪、态度和行为意向会相互感染，使团体成员彼此模仿和监督，这有利于网络心理障碍者坚持改善行为和稳定健康心态。更值得注意的是，心理辅导团体是一个"微型社会"，为网络心理障碍者提供了进行交往的场所和机会。在此基础上，辅导教师可以通过对网络心理障碍者的相应训练和指导夯实自己的教学理论和提高教学技巧，也可以辨别出网络心理障碍者之间相同或相似的心理、情感和行为方面的问题，从而让网络心理障碍者以正确的行为态度和稳定的心态面对生活。

第六节　大学生的恋爱心理问题

一、大学生恋爱的发展阶段

恋爱是对爱情的追求，但并不是个体生来就有的。只有个体的生理和心理都发展到一定程度，才会产生对爱情的追求，即对爱情的追求是大学生生理发育和心理发展的自然结果。此外，大学生的恋爱心理是一个发展的过程，并非固定不变的。其过程大致可分为萌芽期、初恋期、热恋期、调适期、稳定期五个阶段。

（一）萌芽期

从中学时代开始，学生就进入了恋爱意识的准备阶段。但是因为中学的学习紧张，大部分同学没有时间和精力恋爱。在高考之后，大学生从升学的压力之中解脱，开始萌发恋爱的意识。与此同时，大学新生因为离开了熟悉的家乡，内心会出现一种孤独感，渴望与他人建立友谊，获得关心和帮助，于是开始与异性频繁接触。此时，大学生开始考虑自己心中的"白马王子"或"白雪公主"应该具备哪些条件。

（二）初恋期

经过一段时间的交往，大学生们体验到深深的情感依恋，特别是与异性同学之间的友谊，更容易上升为爱情的依恋。当大学生觉得自己已经找到了心目中的那个他（她）时，初恋就开始了。

初恋一般要经过醉我、疑我、非我、化我四个阶段。"醉我"是指被追求对象迷住而感到陶醉，有一种从未有过的捉摸不透的亲近欲和冲动。"疑我"是在自己拼命展示自我后，对对方心意的一种怀疑。在这期间，恋爱的一方常会做一些试探来帮助自己判断。"非我"是指在进入实质的求爱阶段后，激动不已，兴奋而紧张，都不像平时的自己了。"化我"是指恋爱关系初步确定，恋人把对方利益置于自身之上，单独的自己已经不存在，无论读书学习还是穿戴都会考虑对方的感受。由于初恋是情窦初开时第一次对异性表达爱的体验，双方的内心往往都充满了新奇、兴奋和激动。初恋具有单纯性、强烈性、持久性等特点。

（三）热恋期

热恋期是恋爱的基础上，双方经过一段时间的相处，进行了充分的情感交流，爱情进入一个更充实、更热情的阶段。在热恋期，恋爱双方都容易进入感情占主导、缺乏理性的状态，忽视对方的不足。在此阶段，因为恋爱双方朝夕相处，所以很容易在性冲动的作用下，做出一些越轨的行为，且无法对可能造成的后果进行冷静、理智地思考和判断。

（四）调适期

在经历了甜蜜的热恋期之后，恋爱双方会进入爱情的调适期。经过热恋期的朝夕相处，恋爱双方对彼此的了解更加深入，恋爱的激情减退，进而会发现一些先前没有注意到的对方的优缺点。根据这些优缺点，恋爱双方会对对方的综合印象进行思考、分析和判断，决定这段感情能否继续下去。所以在调适期，恋爱双方会对一些问题进行争论，有时还会出现一些冲突，双方的感情也会出现波动，有时候到达情感高峰，有时候跌入情感低谷，甚至走向情感破裂。

（五）稳定期

此阶段男女双方对爱情的思考趋于冷静理智，恋爱呈现较稳定的态势。如果经过热恋期和调适期的相处，双方都对这段感情保持肯定的态度，就会对对方的长处和优点保持爱慕之情，宽容地接受对方的缺点和不足，彼此之间的关系处于平静稳定的状态，恋爱会逐渐进入家庭角色扮演的阶段。恋爱双方从浪漫的爱情氛围进入现实世界，开始考虑生活中的柴米油盐。这种形式的家庭角色扮演可以为双方将来进入婚姻殿堂做好铺垫和准备。反之，如果在恋爱的调适期，双方对彼此的爱情作出了否定的判断，那么他们的感情就会走向破裂。

二、大学生常见的恋爱问题

（一）没有恋人时的困扰

1. 择偶要求脱离实际

大学生无论男女，都会梦想自己心仪的另一半出现，幻想自己的王子或公主无论在外形长相、出身背景，还是在视野眼界上，都是万里挑一的。但是大学生在校时间较长，而出校时间较短，接触社会不多，其阅历自然就比较浅。他们在各种小说文章、影视综艺的影响下主动或被动地完美化自己寻找另一半的标准，幻想自己的另一半是完美无缺的人。而当在现实中与人交往时，他们又会很肤浅地考量对方的身形比例、外貌颜值和生活消费水平。这种做法导致部分大学生在择偶时不会考虑自己身边的异性，又没有符合他们要求的人出现在他们的生活里，于是对于他们来说，"看得见的人自己不喜欢，心仪的人自己又遇不到"成为常态，直到自己度过花样年华。正所谓"金无足赤，人无完人"，大学生在寻求伴侣时要切实考虑自己当下的真实情况，不要只关心外在美，而要关注内在美，确定择偶标准时不要过分考虑身高长相、消费水平等过于现实又肤浅的因素，方可找到适合自己的另一半。

2. 过于相信一见钟情

只见一面就私定终身的故事经常出现在一些文学作品中，这些动人但不一定真实的故事吸引了很多年轻男女，并让他们以此为参照构建自己的恋爱观。这也是男女恋爱的一个误区。在真实的日常生活里，一见钟情比较少见，但相当多的男女大学生认为，相比其他，可以让自己一见钟情的人才算恋爱伴侣，不相信日久生情。于是为了得到所谓"真爱"，他们宁可忽视身边的人，错失很多体验爱情的机会。在现实世界中，若男女在第一次见面时被对方身上的某个优点吸引，晕轮效应会影响他们的心智，进而让他们无视对方其他方面的特点。当头脑一时发热产生的情绪消失时，在这种情绪状态下掩盖的不足和冲突，在交往过程中会逐渐显露。

3. 自卑心理

大学生关于恋爱的自卑心理主要表现为认定自己没有吸引力，没有与异性坦然交往的勇气以及为保护自尊心而刻意回避和异性接触。在这种自卑心理的背后，往往是大学生自我评价的不恰当和不合理。例如，他们认为自己的客观条件不够优秀，身形不高大、身材不苗条，在面对异性时无法畅所欲言，且自身没有拿得出手的优点和长处，出身背景不够好，觉得自己无法吸引对方，只有各方面都优秀、没有缺点的人才配拥有真爱。因此，他们始终不敢迈出恋爱的第一步。在恋爱的各个阶段，自卑心理都会产生不同程度的负面影响，破坏男女间的感情。例如，一些人自卑心理过重，随便找一个并不能让自己满意的恋人，在其后的发展中，这种自卑心理会有所缓和，但在婚姻的事实中，对对方的不满会凸显出来，造成婚姻不幸福。所以，很多恋爱关系的破裂，很大程度上是由于一方存在自卑心理。如果调适不好自卑心理，很可能使双方产生矛盾，影响两个人的感情。

（二）单相思

单相思又称暗恋，指一方在心里默默地爱慕另一方，但没敢表白，或不知道如何表白，也无法得到对方回应的单方面情感。另外，以下情况也属于单相思。

一是错误理解了对方的意思。生活中每个人都会遇到许多异性朋友，大家因为某些原因而相识相知，有可能会有友好的表示，如可能夸赞别人，可能在对方遇到困难时给予帮助，可能赠送小礼物，但这些行为并不等于人家希望双方之间的关系发展为恋人。有的大学生误把对方的友好当成爱的表示，甚至明确询问或表白之后，对方已否认或拒绝但仍不死心，陷入一厢情愿的单恋之中。

二是曾经亲密的恋人没能走到一起。两人因为某些原因分手了，其中一方从这段感情中走了出来，整理好心情开始新的生活，而另一方却不愿接受这个现实，还在强烈地爱着对方，盼望着有一天对方能回心转意，和自己重温以前的美好时光。

三是女神（或男神）式的暗恋。即明知对方有恋爱对象，也知道此外还有同学喜欢她（他），仍控制不住地加入暗恋的行列，是从心里默默地爱着对方，但由于自认为身份地位等与对方存在差距，未向对方表达爱慕之意，只是自己的内心苦闷着。

轻度的单恋如果不影响生活，不用干预，可以慢慢自己化解。但如果情绪受到较大困扰，就要给予重视，除个人调节心理，以积极的心态来面对以外，必要时可寻求帮助。如果没向对方表达过自己的爱意，最好的办法是勇于表达，选择恰当的方式和时机表白，或询问对方的想法，如果对方无意发展恋情，就结束自己的单相思，不能强制对方爱自己，不要怕被拒绝，也不要失落或觉得尴尬，要将心情平复下来，调整好心态。如果误把别人的友好当作爱意或对已经结束的感情还心有不甘，就应正视客观现实，要认识到自己单方面的感情付出很可能是没有结果的，还可能对自己的心理健康造成危害。大学生应该调整身心，学会放弃，以新的关系态度与对方相处，做到不卑不亢、有礼有节、真诚待人、举止得体。另外，大学生也可通过参加体育运动，培养个人兴趣爱好等方式来放松心情，陶冶情操，使自己的心理达到平衡。

（三）三角恋或多角恋

三角恋或多角恋指一个人同时与两个或多个异性保持恋人关系。例如，一些人虽然不与其他人恋爱，但与多个异性保持暧昧关系。多角恋的恋爱关系会给参与其中的人带来心理上的创伤，大学生要清晰地认识到这一点。多角恋分为两种，一种叫作捉迷藏式多角恋，即多角恋发起者利用时间差和空间差，同时与两个或者多个异性交往，被交往的人都认为他或她只属于自己。这种做法一旦被发现，就会给被交往者的心灵带来巨大冲击，甚至会发生矛盾冲突。另一种叫作公开式多角恋，也叫作争斗式多角恋，即所有被交往者都知道恋爱发起者同时拥有多个恋人，因而被交往者之间的争夺战频频发生。这种多角恋虽然没有欺骗性，但不符合恋爱的道德要求，甚至会引发斗殴事件，产生不良社会影响，损害参与者的名誉。

（四）带有功利目的的恋爱

当代社会各方面竞争日益激烈，大部分人注重自我实力的提升，以迎接未来的挑战。但与此同时，一些人却把婚姻视作自己成功的机会，认为把握好这个机会就可以毫不费力地得到房产、金钱、地位等各种社会资源。这种做法让爱情这种本该单纯美好的情感染上铜臭，是人们历来鄙视的行为。爱情里如果被添加了很多不该有的目的和要求，就会被物质化，失去了最初的纯粹性，变成一种包含经济目的的选择。采取这种做法的人在短时间内会获得有很大收益，但这种做法有很多不确定因素。只要其中的目的和要求发生变化，如这类人计划好的金钱或地位等资源无法获得，爱情或婚姻会立刻出现问题。除此以外，带有功利目的的恋爱并没有真实的感情基础，双方发生矛盾的概率更大，为以后的生活埋下了隐患。

（五）"谈练爱"

大学校园是一个自由又宽松的空间。一些大学生因为上大学前一直专心学习，人际交往较少，与异性打交道不多，上大学之后尝试寻找人际交往的各种机会来锻炼自己，想抓紧时间补足自己这方面的短板，他们觉得恋爱是了解异性和促进人际交往的一个机会。所以，一部分大学校园里的"恋人"，责任感相比其他人低许多，谈恋爱时双方都没有为两人的未来作长远打算，只是享受眼下这一刻，甚至出现"毕业就分手"的合约式恋爱。这样谈恋爱，是把谈恋爱变成"谈练爱"。这种所谓"开放"或"前卫"其实是一种文明遮掩下的玩世不恭，对他人、对自己都是不负责任和不严肃的，虽然通过人与人之间的交往来提高社交能力是积极的，但这样"练爱"，如果双方感情处理不好，就有可能产生预料不到的感情伤痛，甚至会有痛及一生的心理创伤。所以，恋爱一定要以真诚为前提，认真对待自己和对方的感情，这样才既不违反道德，也避免给自己和他人的心理带来伤害和痛苦。

（六）失恋的负面影响

失恋指的是男女中断恋爱关系，互相离散，停止交往。热恋中的青年男女都希望自己的爱情可以修成正果，但恋爱中出现的各种阻碍无法躲避。每个未婚青年除了有追求爱情的权利，也有接受爱和拒绝爱的权利。有恋爱也就有失恋，这符合恋爱的正常规律。在整个恋爱过程中，给人挫折感最大的是失恋。失恋是一种特殊的心理精神状态，让人难以自控。没有恋爱过的人，无法体会失恋的痛苦和烦恼。失恋者身处痛苦之中，美好希望全部化作泡影。因此，失恋者在失恋初期无法避免地会产生苦闷心情，没有地方寄托情感，严重者甚至会抑郁、自杀或者报复他人，其心灵上所受到的打击会影响以后的生活患上失恋后遗症。有失恋经历的人，在接下来的爱情生活里，会变得谨慎小心，更有甚者会因一次失恋而万念俱灰，终身不婚。

（七）网络恋爱时的困扰

网络恋爱指的是男女之间以网络为主要沟通渠道，通过运用 QQ、微信、网络聊天室、网络虚拟社区和网络游戏等网络手段来发展感情。网络恋爱主要有两种形式：一是双方在网上结识并恋爱，甚至在网上结婚并组建家庭，但在现实世界互不接触，追寻柏拉图式的情感寄托；二是双方在网上结识，且都有与对方发展恋情的想法，然后在现实世界里见面，进一步发展，至于是否有结果，主要看男女双方是否情投意合。

大学生在网络上恋爱的动机有很多种：第一，寻求刺激，网恋是很多大学生打发时间，寻求刺激的途径；第二，网恋给人的压力没有现实生活中那么大，在网恋中，失败并不是十分重要的事，同时网恋并不一定会见面，这样就不用为承担现实生活中的责任而苦恼，但这也是导致网恋失败的原因之一；第三，因为没有见面，人们只是通过直觉和想象来对对方作出判断，很容易把自己理想对象的标准全都赋予对方，所以网恋中的人们往往把对方想象得完美无缺；第四，网恋的双方可以纯粹是精神上的恋爱，所以网恋往往无疾而终。因为网恋的双方在见面以后会对对方有一个重新的认识，也有一个重新适应对方的过程，且在这个过程中，会意识到对方的容貌、性格和好恶等并不完全符合自己的想象，很多人不能接受这种差距，所以很多网恋就这样匆匆宣告结束。

网络虽然是虚幻的，但它是由真实的人参与的，在网络里有真情实感也有虚情假意，还有谎言和欺骗，大学生要分清虚拟与现实，切忌过度投入感情，否则换来的只有失望。

三、大学生恋爱问题的调适

大学生应全面发展并以学习为主，切忌因为谈恋爱而影响学业。对于遇到恋爱问题或因此产生不良情绪的同学进行指责、批评，阻止其恋爱，将恋爱和学业对立起来的观点，不但是落后的，也是脱离实际的。当然，爱情心理学是非常丰富和多姿多彩的，每个人遇到的问题并不相同，不能在此详尽说明，只能就常见问题和解决方法提出一些建议。

（一）正确区分友谊与爱情

大学时期的爱情，很多是由友情发展而来的。友情与爱情常常交织在一起，让人一时难以分辨。其实，它们之间既有相似之处，又有不同之处，异性青年之间的爱情很多是友情发展的一种结果，但又不是所有的友情都能发展为爱情。爱情可以是友情的延伸，但不是必然。获得爱情的人能够体会到友情的美好，而拥有友情的人不一定能收获爱情。爱情是一种专一的感情，具有排他性；而友情是一种开放的情感，具有广泛性。爱情具有私密性，恋爱者一般不愿在公开场合尤其是人多的地方，毫无顾忌地开展恋爱活动；友情具有公开性，友情的对象、朋友间的交往活动大多是公开的。

（二）注重建立良好的爱情基础

恋爱动机是多样的：有的人因为互相欣赏、有的人为了事业发展、有的人因为爱慕虚荣、有的人为了排遣寂寞。恋爱双方应根据具体条件慎重作出选择。当然，爱美之心人皆有之，产生爱情大多是由于对方的外表符合自己的审美，即所谓"窈窕淑女，君子好逑"。男性喜欢女性苗条美丽，女性喜欢男性高大威猛。但外表只代表人的一部分，更要注重内在品质，也就是我们常说的人品，如女性贤惠、勤劳、温柔，男性有责任感、能干、聪明。因为人不可能容颜永驻，随着时间的推移，每个人都会渐渐老去，年轻时美丽的外表到老年时就不存在了。建立在外表美的基础上的爱情和婚姻，是非常不稳定或不长久的。只有欣赏内在美，注重人的内在品质，爱情的基础才是稳固的。这样的爱情在遇到外界的一些怀疑、干扰、引诱等阻力时，能经得起风雨，不会轻易被破坏。所以，恋爱过程中应理性地看待对方，树立正确的恋爱观，注重对方的内在品质，为爱情打下稳定的基础，这样才能使爱情和婚姻更稳定、更持久。

（三）珍惜纯洁爱情，尊重双方人格

纯洁的爱情是世上最美好的情感，没有功利目的的爱情是完美的。男女双方在恋爱时要努力做到以下几个方面。

1. 双方坦诚相待

要让对方认识并了解真实的自己，包括自己的成功和失败、优点和不足之处，不要刻意隐瞒。与此同时，也要心平气和地了解对方的这些方面，了解对方的原生家庭背景和成长历程、兴趣爱好、理想志向等，努力寻找双方恋爱的契合点，提高契合度。恋爱成功的正向催化剂是双方相互真诚信任、不夸大敷衍；反之，虚浮虚荣的爱情会让双方都受到伤害。

2. 主动帮助对方

在对方遇到挫折时，真心相爱的男女伴侣会主动帮助对方解决问题，帮助对方走出困境，这是双方感情变得亲密的重要基础。当代社会，人们生活水平显著提高，大学生不像故事中的人物那样身处物质匮乏的时代，想要与另一半真心相爱，就要发自内心地帮助对方。

3. 互谅互让

年轻人做事容易冲动，往往考虑不周全。许多方面的能力还在逐渐提高的过程之中，所以做事说话难免有失误。恋爱双方应当互谅互让，不计较对方的小失误，认识到既然选择爱一个人，就应当接受他的优点和缺点，每个人无论多么优秀，都会有缺点与不足，如果只能接受优点不能忍受缺点，那就不适合在一起。恋爱双方是平等的，一定要尊重对方的人格，同时不因自己不高兴或是利益受损而贬损对方，而应当互相理解。这是能否体谅别人，能否尊重对方的情感与付出，能否让爱情健康发展、成长、结出爱情之果的重要方面。

4. 互相支持

青年人处于学业事业的上升期，在激烈的竞争中要想使自己较好地立足于社会，就要努力奋斗、努力学习，增长才干。这会占用大量时间，减少了花前月下、卿卿我我的时间。恋爱双方应支持对方的事业，做他（她）坚强的后盾，而不应总是以自我为中心沉醉于温柔乡中，拖对方的后腿，影响对方进步和成功。

（四）合理处理失恋

1. 认真反思，建立正确的认知

现代社会的人所面对的各种机遇和选择与日俱增，失恋现象普遍。大学生应以积极心态面对失恋。恋爱是有意结为人生伴侣的双方互相了解的重要阶段，谈恋爱可能成功也可能失败。相比热恋时的花前月下、卿卿我我，失恋难免让人伤感。曾经共同畅想的人生之路再也没有实现的可能，一段时间以来的美好经历都成为往事，一些痴情男女无法接受这一现实。然而，失恋虽然痛苦，但不可否认失恋也使人成长。它像一面镜子，会引起当事者的反思。从客观上讲，失恋的人又有了重新审视自己、检讨自己的时间、空间和理由，而且也应该借此时机重新认识自己和现实，修正自己的错误，弥补不足，使自己得到提高和成长。应该说，能被失恋打倒的人绝不是生活的强者。纵观历史，许多人曾因失恋而痛苦，但后来他们能够从中吸取教训，反思自我，改正自己的缺点，从而使自己获得进步和提高，又重新找回自信，最终找到心仪的人生伴侣，收获幸福。

2. 改变自己，调整自己的心理和人生目标

为消除失恋带来的负面影响，大学生可以做出一些改变，将生活的重心转向其他事情，体会到任何生活的变故都有可能使生活状态变好。例如，你终于有更多的时间坐下来读一本书，写一篇文章；你终于有时间和宿舍的兄弟一起去上自习、打篮球；或者你终于可以心无旁骛地与好姐妹一起逛街、聊天儿，将开心的事一吐为快等。在短暂的失落之后，你会感到将注意力放到其他事情上很有意义。因为毕竟生活的内容有很多，一般人其实做不到一天到晚只和相爱的人在一起，不去做别的事情。而且，如果相爱的人整天待在一起，彼此间的吸引力可能

下降，出现审美疲劳。一段感情的空白期虽是原来不曾想到的，但正好可以利用这段时间来放松身心，多做其他有意义的事情，也为自己尽快走出痛苦的阴影、走好今后的人生之路做好铺垫，积累经验，增添自信。

3. 自我激励

美好的恋情突然结束，突然的人生变故可能会让人意志消沉，而此时如果将这人生变故视为小困难，当作激励自己进步的动力，就会使自己获得意想不到的提升。曾有一位女同学，本不爱学习外语，外语成绩平平，不料有一天，她的男朋友告诉她，他要到国外去读研究生，并且时间较长。这段恋情马上就要"无疾而终"。然而，谁都没想到，这位女同学从此开始刻苦学习外语，后来竟然以优异的成绩顺利地考上了与男友相同的外国学院的研究生，到国外和男友团聚去了。这个自我激励的成功案例，来源于这个女生的心理的两个方面：自尊和爱情。

（五）大学生恋爱分手注意事项

第一，假设你是主动提出分手的人，要注意在分手后的一段时间里不要以任何方式与对方联系。因为对方需要时间接受失恋事实，需要时间适应没有你的新生活，他（她）可能会找各种理由联系你，此时如果你认为对方可怜而接受甚至主动联系他（她），就会给对方希望，让对方认为和你的恋爱关系可以修复，从而让这段感情更难以结束。所以，如果你和他（她）已经分手并确认不再互相打扰，就要坚定态度，如无必要双方不要联系。第二，不管发生什么事，都不要去打扰前恋人，不要对前恋人的人际交往和感情生活造成困扰，要理性而又恰当地对待自己的情感生活。

第七节　大学生的就业择业问题

一、大学生职业生涯规划的心理发展过程

当前很多高校只是在毕业前夕对大学生进行短暂的就业指导，没有详尽的大学生职业规划方案，或只关注毕业生在就业合同等方面的困惑，这有可能导致学生的就业发展不尽如人意。大学生从进入大学校园到毕业，在不同学习阶段对职业生涯问题有着不同的思考和认识，他们的职业生涯心理也在不断变化，并表现出不同的特点。这与他们的教育过程的阶段性相吻合。大学生的职业生涯心理也表现出一定的阶段性，主要分为以下三个阶段。

（一）大学早期的职业生涯心理

进入大学以后，职业生涯规划会渐渐在大学生的内心深处萌生。一般情况下，大学初期的大学生往往关注本专业的就业前景，甚至在他们选择专业时，就已受到未来职业发展的影响——学生们总是愿意选择就业前景较好的专业。大学生根据自己的意愿和家长的期望选定了专业方向，期望用自己的一技之长，在喜爱的领域有所作为、有所成就，从而实现自己的人生价值。但当客观现实与自身的心理期望形成反差时，大学生不得不重新思考，认识自己、分析现实，寻求理想自我和现实自我的统一。由于距就业还有很长时间，加之处于大学生活的适应期，其心理特征表现为对未来就业的担心和期望，尤其关注所学专业的发展前景。这一阶段，大学生职业生涯心理开始萌芽并逐步形成。

（二）大学中期的职业生涯心理

经过一个学期或是更长时间的学习，大部分学生的情绪趋于稳定，这是大学生按照专业培养目标全面塑造自己的开始。专业知识的积累明确了大学生的兴趣、方向，更激发了大学生服务人类、贡献社会的信念。社会活动的增加、交际

范围的扩大，使大学生学会了适应环境，在各方面严格要求自己，努力学习，开发智力。在这个阶段，大学生的就业心理得到巩固和发展。

（三）毕业时期的职业生涯心理

在这个阶段，大学生关心的是怎样才能学有所成，最大限度地体现自己的价值，多数大学生会根据自身的特点和优势，积极投身于求职择业的实践中去，在实践中检验自己的能力，从而更加全面地了解自己、锻炼自己、完善自己，寻找理想的职业。这时，大学生的职业生涯心理趋于稳定和成熟。

大学生应在大学四年间分别制订早期、中期、毕业时期的职业生涯规划，使就业前景更为明朗，且更具备主动性，在做职业发展规划时不过分依赖教师、辅导员等他人的建议，应紧跟形势发展并结合自身特点进行规划。

二、大学生常见的就业择业心理问题

（一）焦虑心理

就业焦虑是指毕业生在落实工作之前表现出来的焦虑不安。个体对多种生活环境的担忧或对现实危险性的错误认识直接导致了焦虑。美国心理学家贝克的研究表明：焦虑水平与对伤害的不现实期望和幻想有关，所期望和幻想的伤害越严重，焦虑水平就越高。大学毕业生若对自我定位不当，就业时就会遭受挫折，处于一种精神焦虑状态。有的毕业生认为，社会是复杂多变的，进入社会后无论从事何种职业都必须面对复杂的人际关系，而这些人际关系是他们在大学生活中少有接触的。他们认为，大学校园是一块净土，离开这块净土，失去了它的庇护，就需要面对深不可测、复杂多变的社会。大学毕业生的这种过度或持久的焦虑体验，形成了就业焦虑心理，严重影响了正常的生活和就业。

（二）自卑心理

自卑是一个人对自己的不满、鄙视等否定的情感，是对个体的得失、荣辱过于强烈的一种心理体验。具体表现为不喜欢自己、讨厌自己的缺点，常常抱怨和责备自己，希望自己变成另外一种人。这种自卑心理严重时可能发展为自暴自弃，甚至失去生活乐趣。学生刚进入大学时都较为自信，然而在与同学的比较中发现自己无论能力、成绩、特长、素质等哪一方面都很一般，甚至不少方面落后于优秀学生时，就会被强烈的自卑感困扰，在就业时受当前就业环境中不良因素的影响，面对招聘过程中出现的各种苛刻条件和问题，不是以积极的态度去争取，而是悲观地认为自己不如人，以消极的态度面对，在求职择业过程中缺少必要的主动性，往往与许多适当的机会失之交臂。长此以往，大学生就会形成自卑保守型心理，不敢正面对待就业问题，在激烈的竞争面前不战而败。

（三）抑郁心理

抑郁是指在长期精神刺激下产生的一种以情绪低沉、忧郁、沮丧、自责、压抑为主要表现的精神状态。这种心理一般是就业困难及理想与现实的差距较大等长期困扰而导致的。同时抑郁心理也阻碍了大学生正常就业，大学生的挫败感又会加重抑郁，如此恶性循环就会使学生患上反应性抑郁症。大学生频频向其向往的单位投递求职材料，但得不到回复，在漫长的等待中，在希望与失望之间，情绪低落，心情紧张而压抑，有的甚至对求职失去了信心。这增加了他们就业的难度。

（四）盲目心理

在求职择业过程中，大学生面对社会上各种各样的人才招聘会和求职择业过程中千头万绪的事情，心情浮躁不安。他们对选择继续学习、先就业再调整择业、找不到合适的工作拒绝就业、是选择专业对口的单位还是挑选单位的地理位置等问题感到困扰、混乱，缺乏主见，很容易盲目从众，最终可能错失顺利升学或就业的机会。

（五）不满情绪

大学生在毕业时，很可能对周遭的人或事物产生不满情绪，比如对自己所在的学校、省区市、就业管理政策户籍限制不满，对家庭成员的指导干涉或家庭条件的限制不满，对招聘信息中就业机会不平等不满；等等。这种不满情绪因个体关注点及实际情况不同而有所不同。

三、大学生就业择业心理问题的调适

（一）就业心理准备

对初次择业的大学生来说，除了必须了解自身的性格、气质、兴趣、知识、能力等各方面条件，对自己有一个实事求是的评价，还要根据择业的现实需要，积极调整自己的心态，从以下三个方面做好择业的心理准备。

1. 正确认识当前就业形势，调整择业期望值

国际劳工组织的研究报告显示：全世界 30 亿经济活动人口中，失业人口有1 亿～5 亿，不充分就业人口有 7 亿～9 亿。中国的就业形势同样严峻。首先，高校连续几年的扩招增幅较大，造成高校毕业生高存量、高膨胀，给高校毕业生就业带来新的压力和难度，使就业机会增多的同时，也使就业的难度增大。其次，国内产业结构总体不平衡，主要表现为两方面：一是地理不平衡性。地区各种因素的差异导致我国的就业形势在不同地区存在差异，人才需求也因而显现出一定的地区差异。二是结构性矛盾突出。不同学科、不同专业的就业乐观程度差异明显。

上述新形势、新情况，毫无疑问，既增加了就业的难度，又使大学生获得了难得的机遇。正视社会现实是大学生择业必备的健康心态之一。目前，随着知识经济时代的到来，社会越来越尊重知识、尊重人才，而毕业生就业制度的改革，就业对人才吸引政策的深化，为大学生求职择业营造了较好的环境，大大增加了职业选择的机会，为大学生施展自己的才能提供了广阔的天地，有利于大学生自身的发展与成才。所以，大学生要从实际出发，更新择业观念，在求职过程中，适时调整择业期望值。

2. 做好就业准备，顺利实现角色转换

从大学毕业到择业再到就业，大学生所扮演的社会角色发生变化。角色转换是一个循序渐进的过程，需要大学生逐渐接受。学生角色与职业角色有明显差异：一个是受教育、掌握本领，接受父母经济供给和资助，逐步完善自己；另一个是需要通过参加具体的工作为社会付出，为自己的行为负责任，并获得相应的报酬，使自己不再依靠父母而能够独立生活。大学毕业生进入社会，开始独立的生活，就不能像学生时期一样靠父母的经济供给，应正视自己已经是一个独立的个体，要对自己的行为负责。人处于不同的社会地位，从事不同的社会职业，都需扮演不同的社会角色，从学生到职业人士是一次重要的角色转换。有些大学生由于家里的经济条件优越，从小娇生惯养，很难适应社会，无法脱离学生角色，对自身的心理造成一定程度的影响。面临择业的大学生应该以一个职业人士的标准来要求自己，热爱本职工作，虚心学习以提高工作能力，培养独到见解并勇挑工作重担以锻炼自己。走上工作岗位后，大学生将成为社会认可的具有独立资格的社会人。因此，大学生应尽快适应角色的转换。

3. 加强自身素质训练，提高承受挫折的能力

大学生择业体现了市场经济的竞争法则，求职实质上是一个竞争上岗的过程。实力是求职成功的资本，是大学期间自身努力的结果，包括学习成绩、工作能力、社交能力、处事能力等。大学生既要勇于竞争，还要善于竞争，掌握竞争的方法和策略，成功地推销自己。然而，面对市场竞争、就业压力，大学生的求职总会遇到许多困难、挫折甚至受到委屈，如有些专业"热门"，而有些则"冷门"，女大学生找工作容易受到歧视等。首先，在就业市场化、需求形势不佳、就业竞争激烈的情况下，求职失败是在所难免的，不能期望自己每次求职都能成功。要对可能出现的求职挫折有充分的心理准备。其次，求职失败并不一定是因为自己的能力不行。求职失败有许多原因，可能是因为你选择求职的方向不对、价值观与企业文化不符等。其实就业的过程也是大学生重新认识自己、认识社会，并主动调整自我、适应社会的过程。

4. 客观评价自己,积极寻求机遇

每个个体都应该有客观和正确的自我效能感,这样才能在求职中抓住机遇,避免盲目和减少失败。大学生应根据自己的人格特质、职业兴趣等来制订求职计划,明确目标。大学生需剖析自己的潜意识需求,对职业发展有长远规划,在激烈的职业竞争中掌握主动权,避免被周围的环境影响。

(二)心理偏差调适

心理偏差调适的方法如下。

1. 自我激励法

在大学生不断择业的过程中,个体乐观和悲观人格会产生很大的影响。自我激励是指个体具有不需要外界奖励或惩罚等激励,就能为设定的目标付出努力的一种心理特征。用生活中的榜样事迹或明智的思想来不断激励自己,寻求挑战,树立远景目标,跳出舒适区,即使遇到意外事件而择业受挫,也要鼓励自己不要惊慌失措、冲动、急躁,而是开动脑筋、冷静思考、寻找对策。自我激励法能帮助个体控制好情绪,直面困难,在自身情绪高涨期不断激励自己,在情绪低落时放松调整自己,做好计划的调整。大学生在择业过程中,要相信自己的实力,通过自我激励,增强自信心,消除自卑感,保持良好的情绪和心态。

2. 注意转移法

当不良情绪出现时,大学生可以采取转移注意力的方法寻找一个新的刺激,采取迂回的办法,把自己的感情和精力转移到其他活动中去,激活新的兴奋中心以抵消或冲淡原来的兴奋中心,使不良情绪逐渐消失。例如,听音乐、参加体育运动、进行自我娱乐、感受大自然、参加有趣的活动等,使自己没有时间沉浸在各种原因导致的不良情绪中。这种暂时回避的方式能够有效地缓解不良情绪,以求得心理平稳。

3. 适度宣泄法

当各种矛盾冲突引起不良情绪时,大学生应尽早进行调整或适度宣泄,使压抑的心情得到缓解和改善。切忌把不良情绪埋藏于心底,因为忧患隐藏得越

久，人体受到的伤害就越大。宣泄的较好方法是可以向密友、师长倾诉你的忧愁、苦闷，使不良情绪得到疏导，在倾诉烦恼的过程中，可以获得更多的情感支持和理解，以及认识和解决问题的新思路，增强克服困难的信心。大学生也可通过打球、爬山等运动量较大的活动，消除压抑心理以便恢复心理平衡。宣泄应是无破坏性的，如通过写信、日记、绘画等形式发泄自己的不满，将自己的不良情绪记录下来，等到心情平复之后，可以拿出来看一看，总结其中的挫折经验，以便更好地控制自己的情绪。一般来说，受挫时由于负面情绪的干扰，个体容易变得思维狭窄、固执、偏激，缺乏对行为后果的预见性，而通过适度宣泄、放松情绪，可恢复正常认知。

4. 自我安慰法

自我安慰法又称自我慰藉法，关键是自我忍耐。在择业中，大学生常常会遇到挫折，若经过主观努力仍无法改变，可适当进行自我安慰，说服自己适当让步，不必苛求自己，面对现实，解除焦虑、抑郁、烦恼和失望情绪，这有助于保持心理稳定。在受到挫折时，可用"亡羊补牢，犹未为晚""塞翁失马，焉知非福"等话语来自我安慰、排除烦恼。

5. 合理情绪疗法

合理情绪疗法认为，人们的情绪困扰是由不正确的认知（即不合理信念）造成的，因此，通过认知纠正，以合理的思维方式代替不合理的思维方式，就可以最大限度地减少不合理信念给自己的情绪带来的不良影响。例如，有的大学生因择业不顺利而怨天尤人，认为"人才市场提供的岗位太少""用人单位要求太高"，但他只从客观上找原因，认为"大学生择业应当是顺利的""社会应该为大学生提供充足的岗位"等。正是这些不正确的认知信念，引发了不良情绪。所以，如果能改变这些不合理的观念，调整认知结构，就能消除不良情绪。

大学生运用合理情绪疗法时要把握三点：第一，要认识到不良情绪不是源于外界，而是自己的非理性信念造成的；第二，情绪困扰得不到缓解是因为自己仍保持过去的非理性信念；第三，只有改变自己的非理性信念，才能排除情绪困扰。自我调适的方法还有很多，如环境调节法、自我静思法、广交朋友法、松弛练习法、幽默疗法等。

总之，在择业求职过程中，大学生应提高自我调适的自觉性，立足于自身的努力使自己保持一种良好的心态。同时，社会、学校和家庭各方面也应给予关注和积极的引导，帮助学生面对现实，排除心理困扰，缓解不必要的心理压力，促使他们尽快实现角色转换，顺利走上工作岗位。

第三章

大学生心理健康教育课程的管理

第一节　大学生心理健康教育课程体系的构建

一、课程目标与定位

在构建大学生心理健康教育课程体系时，明确的课程目标与合理的定位是课程成功实施的基础。心理健康教育课程的目标不仅要符合教育的基本要求，还要针对大学生的具体心理发展需求，帮助他们在学习、生活中形成积极的心理状态和建立健康的人际关系。

（一）课程总体目标

课程总体目标是心理健康教育的核心，旨在培养学生的心理健康素养，提高其应对心理压力和挑战的能力。具体而言，课程总体目标包括以下几个方面。

1. 增强心理健康意识

系统的心理健康教育可提高学生对自身心理状态的认知，帮助他们认识心理健康的重要性，增强他们的自我关注意识。大学生应学会识别心理问题的早期征兆，并寻求帮助，从而预防心理问题的发生。

2. 提升心理素质与应对能力

教师应运用多种教学手段，帮助学生发展减少压力、调节情绪和解决问题的能力。例如，培养学生的抗挫折能力、情绪管理能力和人际交往能力，使他们能够在面对困难和压力时，保持积极的心态。

3. 促进自我认识与个人发展

课程旨在引导学生进行自我探索与反思，帮助他们更好地了解自我价值与潜能。通过学习和实践，学生能够发现自己的兴趣和职业倾向，明确未来的发展方向，从而在学习和生活中作出更符合自身价值观的选择。

4. 建立和谐的人际关系

心理健康教育课程还应当促进学生的人际交往能力，帮助他们学习有效沟通、解决冲突的方法。教师可通过团队合作和社交活动，培养学生的团队精神和责任感，使他们能够积极参与集体活动，建立和谐的人际关系。

5. 推广心理健康文化

课程应致力于营造良好的校园心理健康文化氛围，鼓励学生相互支持、分享经验，提高心理健康的社会认知度。组织心理健康宣传活动可增强全校师生的心理健康意识，营造关心心理健康的良好校园氛围。

（二）课程分阶段目标

心理健康教育课程应根据学生的成长阶段与心理需求的变化，设定分阶段目标，以确保课程内容和教学方法与学生的实际情况相符。

1. 新生阶段（第 1~2 学期）

在新生阶段，课程的重点应放在帮助大学生适应大学生活上。课程目标包括：

①了解大学生活的特点，缓解新环境带来的适应压力；

②学习基本的心理健康知识，了解常见心理问题及其应对方法；

③提升自我意识与自我管理能力，为后续学习和生活奠定基础。

2. 成长期阶段（第 3~4 学期）

在这一阶段，学生逐渐适应大学生活，课程目标应转向更深入的自我认识与情绪管理。课程目标包括：

①促进自我探索，帮助学生了解自己的兴趣、价值观和个性特点；

②提高情绪调节能力，学习有效的情绪管理与压力应对技巧；

③培养人际交往能力，增强合作精神，鼓励学生参与社团活动。

3. 成熟期阶段（第5~6学期）

在这个阶段，学生需要为未来的职业生涯和生活做准备。课程目标包括：

①帮助学生制定个人发展规划，明确职业目标和路径；

②提升解决复杂问题和冲突的能力，提升社交技巧；

③培养自我反思和批判性思维能力，以适应未来的挑战。

4. 毕业阶段（第7~8学期）

在毕业前，课程应关注学生的职业心理准备与情绪支持。课程目标包括：

①提供职业发展与就业心理辅导，帮助学生缓解就业压力；

②强调心理健康与职业发展的关系，促进职场适应；

③提供长期心理引导，帮助学生保持良好的心理状态。

（三）课程目标的可衡量性

为了确保心理健康教育课程目标的有效性，必须建立可衡量的标准。这不仅能够评估课程的实施效果，也能够为后续的课程改进提供依据。

1. 建立评估标准

评估标准应涵盖课程的各个方面，包括知识掌握、能力提升和情感变化。可以采用定量和定性相结合的评估方式。例如，通过问卷调查、心理测评等工具，定量评估学生的心理健康状况及其变化；进行访谈和小组讨论，获取学生对课程内容、教学方法和效果的反馈。

2. 实施定期评估

在课程实施过程中，应定期进行评估，以了解学生的心理健康状态和课程目标的达成情况。评估可以在学期初期、中期、末期进行，分析数据以发现问题并及时调整课程内容和教学方法。

3. 学生自我评估

引导学生进行自我评估是衡量课程目标达成度的重要方式之一。通过自我反思与总结，学生可了解自己在心理健康方面的成长与不足，从而树立主动学习意识。

4. 形成性与总结性评估结合

在课程实施过程中，形成性评估可以帮助教师了解学生的学习情况，及时调整教学策略；总结性评估则可以评估学生在整个学习过程中的综合表现。两者相结合，能够更全面地反映课程的实施效果。

5. 反馈与改进机制

建立课程反馈与改进机制，使评估结果能够有效应用到课程设计与教学过程中。教师可根据学生反馈和评估结果，及时调整课程内容和教学方法，以提高课程的适应性与有效性。

二、课程内容的选择与整合

（一）关键主题与核心内容

1. 心理健康的多维视角

心理健康不仅是情绪状态的反映，还涉及认知、行为、社会适应等多方面的因素。因此，大学生心理健康教育应从多维度展开。除了情绪调节，认知结构的优化也是一个关键环节。认知偏差、负面思维模式常常是焦虑和抑郁等心理问题的根源，因此，课程应该重点讲解如何通过认知的调整来提升心理韧性。此外，行为健康也是心理健康的重要组成部分。通过培养健康的行为习惯，学生能够有效减少心理负担，提升总体健康水平。

2. 人际关系中的心理动力学

在人际交往中，心理动力学的研究可以帮助学生更好地理解自己与他人之间的情感互动。课程应涉及如何通过了解无意识的动力学过程来解释个体与群体的行为模式。例如，课程可以引入心理投射、防御机制等理论，帮助学生更好地应对复杂的社交情境，使学生在社会交往中更加自信。

3. 自我效能感的培养

除了自我认知与发展，自我效能感也是影响心理健康的重要因素。自我效能感指的是个体对自己能够成功应对特定挑战的信念。心理健康课程可以通过实际练习与反思，引导学生培养积极的自我效能感。这不仅可以帮助学生提升心理韧性，还能增强他们在学术和社会生活中的自信心，促使他们勇于面对各种挑战。

（二）内容的科学性与实用性

1. 理论的前沿与更新

科学性不仅要求教学内容具备理论基础，还要求它能够与时俱进。心理学研究日新月异，许多新理论和研究成果对大学生心理健康有重要启示。因此，心理健康课程需要定期更新，以包含最新的研究成果。例如，近年来关于积极心理学的研究指出，通过强化积极情绪、保持乐观心态，可以有效提升个体的幸福感，这些都应融入课程中，帮助学生形成正向的心理。

2. 实用技能的引导

除了科学理论的传授，课程应更加注重实用技能的引导。课程设计应为学生提供实际应用心理健康理论的机会。比如，通过学习使用心理健康评估工具，学生能够更好地了解自己的心理状态。教师通过指导学生如何与他人建立和谐的关系、如何应对校园生活中的压力等，确保学生不仅能够理解理论，还能在生活中灵活运用。

3. 文化背景的适应与调整

不同文化背景下，心理健康的理解和表现形式可能有较大差异。因此，课程在设计时应充分考虑到多元文化背景，确保其内容能够适应各种文化背景的学生。例如，对于来自集体主义文化的学生来说，社会支持和群体关系可能比个体成就更为重要。而对于来自个体主义文化的学生，个人成就感与自我表达则是影响心理健康的重要因素。

（三）跨学科内容的整合

1. 生物心理学与神经科学的结合

为了深入挖掘心理健康问题的根源，课程可以引入更多的生物心理学和神经科学的内容。神经科学的研究表明，许多心理问题与大脑神经递质失衡密切相关。例如，焦虑症和抑郁症个体通常存在脑内血清素、去甲肾上腺素等递质紊乱的症状。课程可以通过简单介绍这些科学原理，帮助学生理解心理健康问题不仅是心理层面的，还与生物机制息息相关。

2. 环境与心理健康的关系

心理健康不仅受个体因素的影响，还深受环境的制约。因此，课程可以结合生态心理学的理论，探讨环境与心理健康的相互作用。现代社会的快节奏生活、校园的竞争压力以及日益复杂的人际关系，都可能对大学生的心理健康造成影响。通过分析环境因素对心理健康的影响，学生能够更深入理解如何调整外部环境以促进心理健康，如优化学习环境、改善宿舍氛围等。

3. 法律与伦理的规范与应用

在心理健康教育中，法律与伦理是不可忽视的领域。心理干预和咨询涉及隐私、权利保护等诸多问题，课程应指导学生如何在法律框架内开展心理咨询、如何处理心理健康问题中可能出现的伦理问题。例如，心理咨询师在处理学生的心理问题时，如何平衡保密原则与学生可能面临的现实威胁，是一个需要深入探讨的问题。通过学习这些知识，学生不仅能够保护自身权益，也能对他人表现出更大程度的尊重与理解。

4. 教育学视角下的心理健康干预

教育学的视角为心理健康教育提供了更多的干预路径。教育学强调个体的自主学习与发展，这与心理健康教育中的自我提升理念相吻合。通过借鉴教育学的教学模式与方法，心理健康教育可以设计出更具互动性和参与感的课程。例如，基于合作学习理论的团体心理训练活动可以增强学生之间的信任感与团结精神，进一步提高其心理健康水平。

三、教学模式的探索与创新

随着大学生心理健康问题的日益复杂，传统教学模式逐渐暴露出其局限性。在心理健康教育领域，创新教学模式的引入对提升教学效果、促进学生心理素养的全面发展至关重要。教师通过对传统教学模式和现代教学模式的对比，结合案例教学、情景模拟与项目导向学习等方法，能够建立更加完善且富有实效的心理健康教育体系。

（一）传统与现代教学模式的比较

1. 传统教学模式的特点与局限性

传统教学模式通常以教师为中心，教师以讲授的方式向学生传递心理健康相关知识。虽然这种方式有助于在短时间内传递大量的信息，特别是在知识储备方面效果较好，但它在促进学生自我认知和情感体验方面存在一定的不足。传统教学模式常忽视学生的主观能动性，使学生在学习过程中处于被动接受的状态，缺乏对心理健康问题的深层次理解和个体化思考，导致实际生活中的应用效果不佳。

此外，传统教学模式倾向于将心理健康问题视为理论性较强的知识，而忽视了心理健康问题的情境性和复杂性。例如，心理健康问题常常与学生的个体经历、环境变化、情感波动等密切相关，而传统教学模式下的讲授式教学难以充分体现这一动态过程。因此，传统教学模式虽然在某些理论教学方面有一定价值，但需要与现代教学模式结合，才能更好地适应心理健康教育的需求。

2. 现代教学模式的优势与应用

现代教学模式强调以学生为中心，注重互动、体验和实践。与传统教学模式相比，现代教学模式更加强调学生的参与感和个性化发展，鼓励学生在学习过程中积极思考和表达自己的观点。现代教学模式下，学生通过情景模拟、案例分析等互动性较强的方式，在情境中体验和感知心理健康问题的复杂性，从而更好地将理论知识转化为实际技能。

现代教学模式的核心在于打破单向的知识传授模式，变为双向甚至多向的互动交流。比如，在心理健康教育中，教师可以通过开放式讨论、团队合作等形式，激发学生的主动性和创造力，让他们在解决实际心理问题时能够灵活应对。现代教学模式还结合了技术手段，如利用网络平台、在线测试等方式，使学生能够随时随地进行心理健康的学习和评估，打破了时间和空间的限制。

（二）案例教学的应用

案例教学是一种通过具体实例分析帮助学生理解和解决问题的教学方法。在心理健康教育中，案例教学能够使抽象的理论概念变得具体和可操作。通过真实案例的分析，学生能够在复杂的情境下学习如何运用所学知识和技能来解决心理问题。

例如，教师可以设计多个涉及不同心理健康问题的案例，如焦虑、抑郁、人际冲突等，并让学生通过讨论和分析，探索应对策略。这种教学模式能够帮助学生面对实际心理问题时有更强的代入感和思考能力。此外，通过分析他人的经历，学生能够学会共情，提升在社交和心理干预中的情感敏感性。

在实施过程中，案例教学需要注重案例的选择与设计。案例应具有代表性和复杂性，涵盖大学生常见的心理健康问题。教师在指导学生分析时，需要注重引导学生结合理论知识，提出合理的干预措施和建议，同时鼓励学生在讨论过程中表达自己的见解，培养其批判性思维能力。

（三）项目导向学习的应用

1. 项目导向学习的概念与优势

项目导向学习（project-based learning，PBL）是一种通过让学生参与实际项目来培养其自主学习能力、团队合作能力和问题解决能力的教学方法。在心理健康教育中，项目导向学习能够让学生通过实践活动，深入探讨和解决实际的心理问题。

例如，教师可以设计一个关于大学生压力管理的项目，要求学生以调研、分析和报告的形式，研究如何在校园内推广有效的压力释放方法。在这个过程中，学生不仅学习了如何评估心理压力，还通过小组合作、信息搜集等过程，提升了沟通和合作能力。这种学习方式能够让学生在真实的任务情境中，主动发现问题、提出解决方案，并将理论知识转化为实践行动。

项目导向学习的优势在于其开放性和灵活性。学生能够根据自身的兴趣和需求，选择和设计项目内容，从而使学习过程更加个性化。此外，项目导向学习注重实际操作，能够帮助学生将心理健康知识融入实际生活中，提升其在面对心理问题时的应对能力和实践能力。

2. 项目导向学习的实施策略

在实施项目导向学习时，教师应首先确定项目的主题和目标，确保项目内容与学生的心理健康需求相关。项目应当具备挑战性，能够激发学生的学习兴趣，同时提供足够的支持和资源。

项目实施过程中，教师应注重过程性评价，定期检查学生的进展，提供反馈和指导。此外，教师应鼓励学生进行自主学习和团队合作，通过项目报告、展示等形式分享他们的学习成果。项目导向学习的成效不仅体现在学生知识的掌握上，还体现在解决实际问题的能力、团队合作精神和创新思维的培养上。

四、课程评估与反馈机制

在大学生心理健康教育课程体系的构建过程中，课程评估与反馈机制起着至关重要的作用。利用有效的评估标准与工具，教师可以量化和了解学生的学习效果，并及时获取反馈，以便不断改进课程内容和教学方法。课程评估与反馈机制不仅有助于提高教学质量，还能确保课程更好地满足学生的心理健康需求。

（一）评估标准与工具的制定

1. 评估标准的多维设定

心理健康教育课程的评估不同于传统的学科课程的评估，不仅需要关注学生对理论知识的掌握情况，更要考查学生在心理素养和行为技能方面的提升。因此，评估标准应涵盖以下几个维度。

（1）理论知识掌握

评估学生对心理健康基本理论和概念的理解程度。学生需要掌握焦虑、抑郁、压力管理等常见心理健康问题的相关知识，并了解如何应对这些问题。

（2）情感与态度转变

这一维度评估学生在情感认知方面的变化，重点考查他们是否建立了对心理健康问题的正确认知，是否具备积极的心理健康态度。

（3）行为改变与技能应用

评估学生在学习过程中是否学会了实际应用心理健康知识的方法，如压力管理技巧、情绪调节方法等。这一维度的评估主要通过观察学生在实际生活中的行为变化来完成。

（4）自主学习与反思

学生是否能够自主地运用所学知识进行心理健康管理，是否能够对自己的情绪、行为进行反思与调节。自主学习能力是学生保持心理健康的基础。

2. 评估工具的设计与选择

基于上述评估标准，评估工具的设计应涵盖定量和定性两种形式。定量工具能够为学生的心理健康状况提供客观的数据支持，而定性工具则有助于深入了解学生的情感体验和态度变化。常见的评估工具如下。

（1）问卷调查

问卷是评估心理健康教育效果的重要工具，特别是在理论知识掌握和态度转变方面。利用心理健康自评量表、情绪体验调查表等工具，教师可以量化评估学生的心理状态和对心理健康知识的掌握情况。

（2）心理测评工具

常用的心理测评工具如焦虑自评量表、抑郁自评量表等，能够帮助学生识别和监测自身的心理健康状况。教师也可以通过相关数据了解课程对学生的心理影响。

（3）行为观察与案例分析

定性评估工具包括对学生在课堂活动和情景模拟中的表现进行观察，评估其心理技能的实际应用效果。此外，教师可以通过案例分析了解学生在具体心理问题情境中的反应和应对能力。

（4）访谈与小组讨论

通过访谈和小组讨论的形式，教师能够更全面地了解学生的心理健康状况。与学生的互动交流可以揭示学生在课程中未能充分表达的心理需求和情感变化。

（二）学生反馈的收集与分析

1. 多元化的反馈渠道

学生反馈是了解课程效果和教学质量的重要途径。为了确保反馈的全面性和有效性，心理健康教育课程应建立多元化的反馈渠道，方便学生表达他们的真实感受与意见。常见的反馈方式如下。

（1）匿名问卷调查

通过匿名的方式，学生可以自由表达对课程内容、教学方式以及课堂互动的意见与建议。这种形式能有效避免学生因有顾虑而不敢提供真实反馈的情况。

（2）课堂即时反馈

在教学过程中，教师可以利用即时反馈工具（如在线调查、课堂互动软件）快速了解学生的学习状态和情感反应，并根据反馈适时调整教学进度和内容。

（3）心理咨询与辅导反馈

学生在享受心理辅导或咨询服务时，可以将对课程的评价纳入反馈中，帮助教师了解课程对学生实际心理健康状况的影响。

（4）线上平台与社交媒体

通过线上课程平台、社交媒体群组等方式，学生可以随时提供反馈和提出疑问。教师可以通过分析这些数据，了解学生的即时需求和困惑。

2. 反馈数据的分析与利用

教师应将收集到的反馈信息进行系统化整理和分析，以揭示学生在课程中的实际感受和课程潜在的问题。教师可从以下几个方面分析学生的反馈。

（1）共性问题与个性化需求

通过分析学生的反馈，教师可以发现课程设计中普遍存在的不足，例如内容过于理论化或教学节奏不适合。同时，教师也应关注学生的个性化需求，尤其是特殊群体的反馈，例如情绪敏感或心理负担较重的学生的反馈。

（2）课程互动与参与度分析

通过反馈，教师可以了解学生的课堂参与度，分析教学互动是否足够，学生是否在课堂中得到了积极的心理支持。互动式教学在心理健康课程中的作用至关重要，而反馈能够为教师提供提升课堂互动的建议。

（3）情感变化与态度转变分析

学生反馈中有关情感与态度转变的内容是重要的评估指标。通过分析学生在课程中的情感体验，教师可以评估课程是否有效促进了学生对心理健康的正向认知。

（三）课程改进的依据与策略

1. 基于评估结果的课程调整策略

在收集和分析评估数据和反馈信息后，教师应根据实际情况对课程进行合理的调整和优化。改进策略可从以下几个方面制定。

（1）内容适应性调整

如果学生反馈课程内容过于理论化或不够实用，教师就可以通过增加实操环节、情景模拟和案例分析，来丰富课程内容，使之更贴近学生的实际生活。同时，教师还可以增加个体化学习材料，满足不同心理健康水平的学生的需求。

（2）教学方式的优化

现代教学技术为课程的灵活调整提供了技术支持。教师可以根据学生的反馈，调整课堂互动的频率，增加情景体验式教学，减少单一的讲授式教学。例如，在线互动平台的引入能够增强课程的灵活性和趣味性，帮助学生在轻松的环境中学习心理健康知识。

（3）评估工具的优化

课程的评估工具应随着教学目标的变化而更新。如果学生反馈评估工具过于烦琐或不够精准，教师可以改进问卷、测评量表和观察工具，以便更加准确地评估学生的心理健康状态。例如，在学生反馈评估工具使用体验后，教师可以设计更加简洁、易于理解和使用的心理健康评估工具，以提高评估的参与度和效果。

2. 个性化教学策略的制定

根据评估和反馈的结果，教师应考虑制定更加个性化的教学策略，以满足不同学生的心理健康需求。例如，对于心理压力较大的学生，教师可以安排个性化的心理辅导课程，并通过设定阶段性目标帮助其逐步改善心理健康状况。与此同时，针对心理健康状况较好的学生，教师可以更多地关注如何帮助他们进一步提升自我认知与社会适应能力。

3. 持续改进与长效机制的建立

课程改进应是一个持续的过程，教师应定期对课程进行评估和反馈，并根据新的学生需求和心理健康发展趋势，不断优化课程内容和教学模式。为了确保课程长期效果，学校和教师应建立起长效的评估与反馈机制。例如，定期召开教学评估会议，邀请心理健康领域的专家进行指导和讨论，确保课程内容和评估机制与时俱进。

第二节 大学生心理健康教育教学情境的优化

一、教学环境的心理舒适度

在大学生心理健康教育中，教学环境对学生的心理感受有直接影响。优化教学情境不仅有助于提升学生的学习效果，还能在无形中影响他们的情绪和心理状态。心理舒适度高的教学环境能够缓解学生的压力，增强课堂的互动性与参与感。因此，从教室的布置到噪声控制，再到心理安全感的营造，均需要进行精心设计与管理。

（一）教室布置与环境设计

1. 空间布局与心理感受的关联

教室的空间布局直接影响学生的心理舒适度。狭窄、拥挤的环境容易让学生感到压抑和焦虑，宽敞、明亮的空间则能够为学生带来更为放松的心理体验。因此，在布置心理健康教育课程教室时，应该尽量避免座位过度密集。适当的空间设计，例如较大的座位间距或使用 U 形、圆形等具有开放性和互动性的座位布局，能够加强学生之间的交流，减少孤立感。

教室中的家具应符合人体工程学原理，座椅和桌子的高度与舒适度应能够调节，以适应不同学生的身体需求，减少因身体不适导致的心理紧张。同时，教室内应有足够的活动空间，方便学生参与心理健康课程中的互动活动和小组讨论。

2. 色彩与光线对心理的影响

色彩和光线是环境设计中对心理影响极大的元素。研究表明，柔和的色彩能帮助学生放松心情，而过于刺眼或单调的色彩可能引发学生的焦虑情绪。心理健康课程的教室可以采用浅蓝色、浅绿色或米色等代表平静和谐的色彩，这些色彩能够减少学生的情绪波动，提升学习环境的舒适度。

光线方面，自然光能够显著提升学生的情绪状态，促进积极的心理反应。教室有充足的自然采光，有助于营造积极的学习氛围。人工照明应避免过于明亮或昏暗，尽量使用温和的光源，以减少视觉疲劳和不适感。

3. 视觉元素与心理联想

除了色彩和光线，教室内的视觉装饰也能够影响学生的心理状态。适当的装饰元素，如具有积极情感传递作用的图片、心理健康名言、植物等，都能够为教室增添活力，提升学生的心理舒适度。绿色植物被认为能够有效缓解压力和焦虑。在心理健康课程教室中放置适量的植物，不仅可以净化空气，还能够为学生带来一种宁静感。

此外，要避免教室布置得过于复杂、混乱。视觉过度刺激容易使学生分心或紧张，而保持教室整洁、简洁的设计风格，有助于学生专注学习。

（二）噪声与视觉干扰的控制

1. 噪声对心理健康教育的影响

噪声对教学环境的影响不可忽视，特别是在心理健康教育中，安静的环境对情感调节和心理思考尤为重要。过度的噪声不仅会干扰学生的专注力，还可能引发烦躁、紧张等负面情绪。因此，在心理健康教育课堂中，应该尽量减少环境噪声的干扰。

教室应尽量远离喧闹的人流较大区域或其他容易产生噪声的场所，如食堂、运动场等。如果无法完全避免外界噪声的影响，可以通过安装隔音窗、使用厚重的窗帘来减少噪声。此外，教室内部的设备如投影仪、空调等，也应尽量选择噪声较小的设备，以减少干扰。

2. 课堂内的噪声管理

课堂内的噪声也需要进行有效管理。心理健康教育课程通常需要学生的参与和互动，因此在讨论和活动过程中可能会产生一定的噪声。教师需要在组织课堂活动时，合理控制讨论的声音，确保每位学生能够在舒适的环境中进行交流与学习。适时的提示和引导能够帮助学生在积极参与的同时，不打扰他人的学习。

3. 视觉干扰的减少

视觉干扰同样会影响学生的心理舒适度。在教室布置中，过度的视觉刺激可能导致学生分心，难以专注于课程内容。因此，教室内的装饰应该简洁，避免颜色过于鲜艳或过度繁杂的设计。在课程进行时，尽量减少学生视线以内的不必要干扰。例如，教室窗户应避免直接面对可能产生干扰的景象，可以通过拉上窗帘或使用磨砂玻璃来减少外界的视觉刺激。

（三）心理安全感的营造

1. 课堂氛围的营造

心理安全感是心理健康教育中一个至关重要的因素。学生只有在感到安全、被尊重的课堂氛围中，才能够真正表达自己的情感和想法，并从课程中获益。因此，教师在课堂上需要有意识地营造一种开放、包容的氛围，鼓励学生积极发言，表达个人的心理健康体验，而无须担心被评判或嘲笑。

教师可以通过非批判性语言和鼓励性的反馈来营造这种氛围。每位学生的意见和感受都应被认真倾听和尊重，教师应确保每位学生都能感受到他们的参与是有意义的。在相互支持的课堂环境中，学生更愿意参与心理健康讨论，这不仅能够提升他们的自我认知能力，也有助于他们获得同龄人的心理支持。

2. 师生关系与信任的建立

在心理健康教育中，教师的信任感对学生的学习效果和心理发展至关重要。教师应当扮演一个引导者的角色，而不是单纯的知识传授者。通过建立与学生的情感联系，教师可以增强学生的安全感，帮助他们更加坦然地面对心理问题。

信任的建立需要时间，教师可以通过日常的互动逐步加深与学生的情感联系。小组活动、个人咨询等都可以为教师与学生提供深入交流的机会。此外，教师应展示出对心理健康问题的开放态度和自己的专业知识，让学生感到他们的困惑能够得到理解和解决。

3. 同伴支持与团体归属感的强化

除了师生关系，课堂中的同伴支持也是心理安全感的重要来源。在心理健康教育课程中，建立学生之间的支持网络，可以帮助他们在面对心理压力时找到情感的依托。教师可以通过小组合作、讨论等互动形式，促进学生之间相互了解和提高信任度。通过这种方式，学生可以在同伴中找到认同感和归属感，从而增强心理安全感。

团体归属感的形成不仅有助于课堂中的学习，也能够帮助学生在日常生活中更好地应对孤独感和社交焦虑。团体支持的强化，让每位学生在面对心理问题时不再感到孤立无援，而是能够从集体中获得力量。

二、教学资源的多样性与可获得性

在大学生心理健康教育中，教学资源的多样性和可获得性是影响教学效果的关键因素。教学资源不应局限于教材，还应包括多媒体资源、在线平台、实践活动及社区合作等。整合这些资源，能够拓展课程的深度与广度，帮助学生更好地掌握心理健康知识和技能。以下将从多媒体与在线资源的整合、实践活动与体验式学习、社区资源的利用与合作三个方面，探讨如何优化教学资源，为学生提供更加丰富的学习体验。

（一）多媒体与在线资源的整合

1. 多媒体教学的优势与应用

多媒体教学能够有效丰富心理健康教育课程的内容，提升课堂的互动性与参与度。传统的教学方法以文字和口头传授为主，而多媒体资源则能够通过视觉、听觉等多感官的刺激，帮助学生更好地理解和吸收知识。心理健康问题具有一定的抽象性和复杂性，通过多媒体手段，如视频、动画、图表等，能够将这些抽象概念形象化、具体化，更易于学生理解。

例如，心理健康教育可以通过播放相关视频，让学生了解焦虑、抑郁等心理障碍的实际表现，帮助他们更直观地理解这些概念。此外，使用图表和动画展示心理健康的相关数据或理论模型，能够将枯燥的理论转化为更加直观的信息，提升学生的学习兴趣。

2. 在线资源的整合与应用

随着互联网技术的快速发展，在线资源已经成为心理健康教育中不可或缺的部分。在线资源不仅能够打破时间和空间的限制，还能为学生提供更加个性化的学习体验。例如，心理健康在线课程和在线咨询服务，能够让学生在课余时间进行自主学习和心理状态的自我评估。

一些平台提供心理健康测评工具，学生可以通过在线问卷或测评系统，了解自己的心理状态和情绪变化，从而得到及时的反馈与指导。在线资源还可以提供丰富的自我学习材料，例如心理健康电子书、博客、学术文章等，帮助学生及时了解心理健康领域的最新动态。此外，通过在线论坛或讨论组，学生可以与教师及同伴进行实时交流，分享学习经验和感受，进一步加深对心理健康的理解。

3. 在线学习平台的互动性提升

在线学习平台不仅能够提供静态的学习资源，还可以通过增加互动功能，提升学生的参与度和学习效果。例如，教师可以通过在线学习平台发布讨论主题，让学生在平台上提交他们的看法和建议，从而加强互动交流。通过这些互动，学生能够相互学习，并从不同的角度理解心理健康问题。

在线学习平台的另一个优势在于其灵活性。学生可以根据自己的时间安排，随时随地进行学习和复习。而通过自我评估、测试和互动讨论，学生能够更加自主地掌握学习进度。这种灵活的学习模式特别适合心理健康教育，能够帮助学生在日常生活中随时关注自己的心理状态。

（二）实践活动与体验式学习

1. 实践活动的重要性

心理健康教育不应仅停留在理论层面，而要通过实践活动来强化学生的学习成果。体验式学习能够让学生在实际情境中应用所学知识，提升他们的情绪管理能力和问题解决能力。心理健康问题往往复杂多变，只有通过实践，学生才能真正理解如何解决这些问题。

例如，教师可以组织情景模拟活动，让学生在模拟的环境中扮演不同的角色，体验焦虑、压力或冲突的情境。这种亲身体验能够帮助学生更好地理解心理健康问题的复杂性，并通过反思和讨论，提升他们的应对技巧。

2. 实地考察与心理健康活动

实地考察是心理健康教育实践活动的重要组成部分。例如，组织学生参观心理健康机构、心理咨询中心等，让学生亲身体验心理咨询师的工作过程，了解心理干预和治疗的实际操作方式。这种实践活动能够加深学生对心理健康服务行业的理解，同时使他们对心理问题的处理方式有更加全面的认识。

此外，心理健康教育可以通过组织户外活动，如团体心理辅导、减压课程等，帮助学生在实际环境中应用所学的心理健康技能。通过这些活动，学生不仅能够缓解学习压力，还能够在与同伴的互动中提升社交技能和情绪调节能力。

3. 小组项目与合作学习

合作学习是心理健康教育中一种有效的体验式学习形式。通过小组项目，学生能够在团队中进行讨论、分析和解决实际心理问题。合作学习不仅能够帮助学生加深对心理健康知识的掌握，还能培养他们的团队协作和沟通能力。

例如，教师可以布置一个与心理健康相关的项目，要求学生组成小组，研究校园心理健康问题，并提出改进措施。在这个过程中，学生不仅要学习如何合作解决问题，还要通过调查、访谈和数据分析，深入理解心理健康问题的多维度表现。这种项目导向学习方式能够让学生更加深刻地认识到心理健康教育的重要性，并通过实际行动提升心理健康意识。

（三）社区资源的利用与合作

1. 社区资源在心理健康教育中的重要性

大学生心理健康教育不应局限于校园内部，社区资源能够为学生提供更加全面的支持与帮助。社区中的心理健康机构、公益组织、医疗资源等，都是心理健康教育的重要补充。利用这些资源，学校可以为学生提供更多元的心理健康服务，帮助他们更好地应对心理压力。

例如，社区中的心理咨询机构可以为学生提供专业的心理辅导服务，帮助学生解决较为严重的心理问题。此外，一些心理健康公益组织可以为学生提供免费的心理健康讲座、心理健康测评等，让学生更加全面地了解自己的心理状态和促进心理健康的方法。

2. 学校与社区的合作模式

为了更好地利用社区资源，学校可以与社区中的心理健康机构建立长期合作关系。通过签署合作协议，学校可以定期邀请社区的心理专家到校为学生提供测评、咨询等服务。同时，社区机构也可以为学校的心理健康教育课程提供专业的资源支持，例如案例分享、数据分析等。

此外，学校还可以与社区合作，组织学生参与社区心理健康活动。例如，组织学生参与社区心理健康宣传活动或志愿服务，让学生在实际活动中了解社区心理健康问题的现状，并通过亲身体验增强他们的心理健康意识。

3. 社区资源的整合与创新

社区资源的整合不仅体现在心理健康服务方面，还可以通过创新的合作形式来进一步加强学生的心理健康教育。例如，学校可以与社区中的企业或非营利组织合作，开发心理健康相关课程和项目，为学生提供更加多样化的学习机会。通过这些合作，学校可以为学生提供实际操作和实践学习的机会，同时也可以借助社区资源，丰富心理健康教育的内容。

三、在线与线下教学的结合

在现代教育背景下，在线与线下教学的结合已经成为一种趋势，特别是在心理健康教育领域，发挥两者的优势能够为学生提供更加灵活、互动性更强的学习体验。借助在线教学的广泛覆盖和线下教学的实践性，心理健康教育可以更加全面地帮助学生应对心理问题。以下从在线教学的优势与挑战、线下活动的设计与实施两个方面进行探讨。

（一）在线教学的优势与挑战

1. 在线教学的优势

在线教学在心理健康教育中具有诸多优势，尤其是其灵活性和资源的广泛性，使学生能够根据自身的时间安排和心理需求进行学习。这种灵活性特别适用于那些受到时间限制或心理压力较大的学生，使他们能够随时随地进行心理健康知识的学习和心理调适训练。

（1）灵活的学习时间与地点

在线教学允许学生根据个人的时间安排自由选择学习的时段和地点。对于一些因社交焦虑或压力过大而不愿参与线下教学的学生而言，在线平台提供了一个更为私密和安全的学习环境，使他们能够在相对轻松的状态下获取心理健康知识。

（2）丰富的在线资源

在线教学平台可以提供大量的多媒体资源，如视频、音频、电子书、心理测评工具等，帮助学生更好地理解复杂的心理健康问题。学生不仅可以利用这些资源进行自主学习，还可以通过在线讨论和互动，促进对知识的消化与应用。

（3）即时反馈与个性化学习

在线教学平台可以通过自测题、心理评估等工具，为学生提供即时反馈。学生可以随时了解自己的学习进度与心理状态。教师则可以通过在线平台跟踪学生的学习表现，提供个性化的指导和支持。

2. 在线教学的挑战

尽管在线教学有许多优势，但它在心理健康教育中的应用也面临一些挑战。最明显的挑战在于缺乏面对面的互动和情感交流，这对于心理健康课程来说尤为重要。

（1）缺乏互动性与情感支持

心理健康教育不仅仅是传授知识，还包括情感支持与心理辅导。而在线教学环境难以替代面对面的情感交流和非语言沟通。学生可能在面对心理问题时感到孤独，无法通过屏幕与教师和同学建立起情感联系。

（2）自律性要求高

在线学习对学生的自律性要求较高，尤其是在心理健康教育中，许多学生本身可能因心理压力或情绪问题而缺乏足够的学习动机。若没有线下课堂的监督，学生可能难以保持学习状态。

（3）技术依赖与技术困难

在线教学依赖技术平台，然而并非所有学生都有良好的网络设备或网络连接，这可能对经济条件较差的学生造成困扰。此外，在线平台的技术问题（如网络中断、设备不兼容等）也会影响学生的学习体验。

（二）线下活动的设计与实施

1. 线下活动的优势

线下教学在心理健康教育中具有不可替代的作用，尤其是面对面的交流能够更有效提供情感支持，促进学生的心理健康发展。通过互动和实践活动，学生不仅能理解心理健康理论，还能亲身体验到情绪调节和压力管理的实际效果。

（1）面对面的互动与情感支持

心理健康教育中的线下活动可以通过教师与学生之间的直接交流，提供及时的情感支持和反馈。在面对面的教学环境中，教师可以通过观察学生的情绪表现和行为反应，及时调整教学方法，帮助学生更好地应对心理挑战。

（2）体验式学习的实施

线下教学为体验式学习提供了理想的条件。通过小组讨论、角色扮演、情景模拟等方式，学生可以在实践中应用心理健康知识，体验到心理干预技术的实际应用效果。这种沉浸式的学习方式有助于学生将理论知识转化为实际技能，以更好地应对生活中的心理问题。

2. 线下活动的设计

线下心理健康教育活动的设计应注重互动性与参与度。活动应围绕学生的心理需求开展，帮助他们在互动中建立信任感、提升情绪调节能力。

（1）团体心理辅导

团体心理辅导是线下心理健康教育中常见的形式。通过小组成员间的分享与互动，学生能够在彼此的交流中得到情感支持，减少孤独感与压力。同时，团体辅导还能帮助学生培养社交技能，提升他们在日常生活中的人际交往能力。

（2）情景模拟与角色扮演

通过情景模拟和角色扮演，学生可以在虚拟的情景中扮演不同角色，了解心理问题的多样性。例如，模拟焦虑症个体的日常生活，能够帮助学生理解焦虑情绪对生活的影响，并促使学生探讨解决策略。角色扮演能够激发学生的同理心，提升他们的情感敏感度和心理应对能力。

（3）实地考察与心理体验

组织学生参观心理健康机构或参与心理体验活动，让他们亲身体验心理健康服务。通过这种实践活动，学生能够更深入地了解心理健康服务的实际操作流程，并将这些知识应用到自身的心理健康管理中。

第四章

高校心理健康教育队伍建设

第一节　高校心理健康教育队伍的基本认知

一、高校心理健康教育队伍

高校心理健康教育工作者是指在高校中遵循心理健康和高等教育规律，为师生提供心理咨询服务和心理健康指导的工作人员。高校心理健康教育队伍是由具有相关资格的专、兼职心理健康教育工作者组成的心理健康教育团队。

二、队伍组成与建设

高校心理健康教育队伍从人员类型上应分为督导、专职心理健康教育工作者、兼职心理健康教育工作者，同时也包括经过培训的辅导员工作队伍和学生中的心理委员。从学科上看，高校心理健康教育队伍由心理学、教育学、思想政治教育、医学四方面力量构成，且以心理学、教育学工作者为主。从工作角色上看，高校心理健康教育工作的主体包括两支队伍，即专职心理咨询师队伍和辅导员队伍。

（一）心理咨询师定期督导制度

有条件的至少要有一人具有督导资质，定期为心理工作专兼职心理辅导人员提供个人心理和职业成长督导。如条件受限，应整合专家资源，建立区域性的学校心理健康教育督导中心，要求在职心理咨询师必须定期到督导中心接受一定学时的专家督导。

（二）专职心理咨询队伍

专职心理咨询队伍是高校心理健康教育机构的核心成员。对于专职人员，要实行心理咨询师职业资格准入制度。学校心理咨询师要掌握心理学、医学、教育学等相关专业知识，经过系统的专业训练，取得人力资源和社会保障部颁发二级心理咨询师资格。高校应鼓励专职咨询师参加中国注册心理师的考核。专职教师应具备学生工作经验，使心理咨询服务更贴近学生、了解学生，把握学生的思想行为特点，提高心理健康教育的实效性。心理辅导是一项专业性很强的工作，不具备一定的能力和条件者不能胜任，而且心理辅导人员的人格素质同样不能忽视。

（三）辅导员队伍

辅导员队伍是大学生心理健康教育工作队伍的重要组成部分。高校要提高辅导员队伍开展心理健康教育的专业能力，把心理健康教育作为辅导员职业化发展的重要方向之一，注重培养一批长期从事和潜心钻研心理健康教育理论的辅导员，使其成为具有心理健康教育专业技能的专家型学生思想政治工作者。

三、队伍建设机制与培训体系

心理健康教育工作者的职业胜任要求：首先，要具有广博的文化知识，因为这是与学生建立良好沟通的基础；其次，要具有评估反思能力，心理咨询教师需要根据学生的心理状况变化改变咨询策略，需要不断评估来访者或者根据课堂上学生的情况不断调整策略才能达到良好的效果，同时还要对使用的咨询方法、活动策略、效果等进行反思。因此，心理健康教育工作者的胜任特征具有独特性，只有建立一个队伍建设机制与培训体系，才能确保人力资源的执行力及有效性。

（一）队伍建设机制

高校心理健康教育工作队伍的建设应包含三方面的内容。首先，要确定入职标准。要按照督导、专职工作者、兼职工作者、辅导员、心理委员等分层制定相对应的遴选条件。其次，要根据不同层次的工作人员确定不同的工作职责。必须对工作内容和工作边界及相关责任进行系统规定，各负其责，相互配合，且要形成工作制度体系。最后，要针对不同层面的工作人员规划相应的培训方案。

（二）队伍培训体系

许多高校认为在实际工作中遴选几个有心理学相关背景的人员放到心理中心，心理健康教育工作的人力资源就具备了。大学生心理健康教育工作队伍的专业化是心理健康教育发展的必然趋势，从专业化水平低到专业化水平高是分阶段实现的，不可能一步到位。我们的方向是通过若干年的努力逐步完成这一过渡。要达成此目标，除了从心理学、教育学等学科引进专业人才，另一个重要途径就是对现有从事大学生心理健康教育工作的人员进行培训。

培训体系应体现四化，即规范化、分层化、经常化、实战化。

规范化，即培训方案应包括培训目的、培训对象、培训内容、师资要求、培训时间、拟达到的效果等，这些都要有详细的规定，做到培训有计划、规范化。一个培训计划在实施一到两轮后，要广泛征求培训人员和被培训人员的意见，做到及时修改完善，逐步形成培训部，将有效培训内容和方案固定下来。

分层化，即鉴于我国高校从事大学生心理健康教育工作人员（专兼职教师、班主任、政治辅导员、其他任课教师等）的专业水平及技能掌握程度参差不齐，要针对不同人员，制定不同的培训规划，坚持开展分类培训。按照不同的规划，实施不同内容、不同时间的培训，提高培训的针对性与实效性。

经常化，即心理咨询技能的掌握至少需要 3 ~ 7 年时间，咨询人员的某项技术才能达到成熟，而心理健康教育的方法也需要在实践中不断完善和更新。因此，对心理健康教育工作人员的培训应当是一项长期的工作，不能简单培训几次或外派培训一次就认为其可以胜任此项工作。各级部门要不断给他们创造继续学习和提升的条件，做好打持久战的准备，督促各级培训机构将培训经常化，并长期坚持。

实战化，即上级部门在组织培训和为个体选择培训机会时，要注意合理分配理论知识学习与实践技能培养的时间，并在培训过程中注重研究能力与反思能力的培养。要加强心理健康教育技能培训的匹配性和针对性的筛选，目标是经过培训使受训者尽快投入实际工作中去。同时，上级部门也鼓励高校心理健康教育工作者具有不断增强工作能力的意识，自发自觉地为自己创造进修机会，将游山玩水的预算投放到心灵工作坊中去，以实现心灵旅游和职业能力提高的双重收获。

第二节 高校心理健康教育队伍的职业能力与管理

一、高校心理健康教育专职人员的职业能力与管理

一般来说，高校心理健康教育专职人员分为两类：一是心理健康教育机构负责人；二是专职从事心理咨询和教育的工作人员。

（一）心理健康教育机构负责人的职业能力与管理

该机构负责人应履行如下职责并具有与之相应的职业能力：负责审订学校整体心理教育工作计划，评估心理教育工作效果，并制订具体的执行方案；组织和管理专业或兼职心理健康辅导人员；负责组织各种师资培训，组织选编心理辅导活动课教材，并组织与心理工作有关的教研、科研活动；接受学生个别心理咨询及开展集体心理辅导；开设心理健康类课程及讲座，开展心理知识普及宣传；对有心理疾病和心理危机的学生做评估与转介工作；负责监管学生心理档案资料的建制与使用；负责向学生提供学校管理、就业方面的信息，向学生和教师提供心理学方面的书籍；参与心理辅导活动课程的设计与落实，并为学校的教育教学工

作提供建议；按规定的时间进行值班等。该机构负责人应具有心理学或思想政治教育学方面的专业背景，并有一定年限的相关工作经历，熟悉和掌握心理咨询和心理教育的规律，具有对其他专、兼职心理辅导人员进行督导的职业资格，能长期、稳定地从事此项工作。

（二）专职从事心理咨询和教育的工作人员的职业能力与管理

专职人员应履行如下职责并具有与之相应的职业能力：协助中心主任制定学校及中心工作方案并落实，积极对学校教育教学工作提供专业意见；负责中心图书、文件、档案等资料的收集与整理；协助组织和管理专、兼职心理工作人员，安排好值班及相关工作；负责中心工作室及设备的维护和保管；组织各种师资培训和与心理工作有关的教研、科研活动；组织开展学生心理测试服务，建立学生心理健康档案，并认真做好其管理和使用工作；接受学生个别心理咨询及开展集体心理辅导，热情接待前来咨询的学生、家长，认真处理他们提出的各种问题，帮助学生及其家长调节心理状况，并对有心理偏差的学生进行及时的诊断和鉴别；组织开展心理健康类课程及讲座，进行心理知识普及宣传；负责向学生提供学校学生管理、心理教育方面的信息；参与心理辅导活动课程的设计与落实，并提出相应建议；按规定的时间进行值班等。

二、兼职心理辅导人员的职业能力与管理

兼职心理辅导人员是高校为充分利用心理健康辅导的人力资源，切实做好大学生心理健康教育工作，在心理健康辅导工作中实施专、兼职结合工作制度而聘用的相关专业人员。

（一）兼职心理辅导人员任职条件

兼职心理辅导人员应认真履行职责并具有与之相应的职业能力，一般应为具有中级以上职称，从事学生工作三年以上或从事相关专业教学，热爱心理辅导事业，具有心理辅导的基本知识且具有一定的工作经验和能力的干部、教师。

（二）兼职心理辅导人员要履行的工作职责及具备与之相匹配的职业能力

即面向全校学生开设心理健康教育讲座；对面临心理困惑问题的学生进行初步的咨询和辅导工作；参与中心组织的有关大学生心理健康教育的教学工作；协助中心开展大学生心理健康教育研究工作；参与中心组织的有关大学生心理健康的宣传工作；按规定的时间进行值班等。

（三）兼职心理辅导人员管理办法

兼职心理辅导人员实行聘任制，聘期一般为两年；兼职心理辅导人员的工作量计入教学指导工作量；值班报酬应与本校教学单位工作报酬一致或接近。

三、心理辅导员的职业能力与管理

心理辅导员在学校心理机构的指导下，结合实际有效组织所在学院师生的心理健康教育工作，是所在学院心理工作领导小组的主要成员。其职业能力与要求是热爱学校心理健康教育工作，愿意为学校心理健康教育工作的开展奉献时间和精力，恪守心理咨询工作者的道德规范。心理辅导员是本人自愿申请，经学院推荐、心理中心考核、培训后受聘上岗的。心理辅导员需持证上岗，必须接受过系统的心理健康教育专业培训，能为学生提供个别心理辅导。心理辅导员要遵循"尊重理解、真诚保密、助人自助"的辅导原则，认真做好来访者的接待工作，完成辅导记录。守时守信，热情服务，让自己的工作真正助力大学生健康成长，努力维护高校心理辅导站的声誉。心理辅导员应不断学习心理健康教育相关知识，以提高自己的专业素养、辅导技能和服务水平，并推动这项事业的发展。心理辅导员要严格遵循保密原则，对来访者的有关资料、案例予以保密（有条件的单独保管，不列入学校有关档案，不将来访者的案例作为谈话资料）。在出于专业和教育原因需要进行案例讨论，或采用案例进行教学、科研、写作等工作时，应隐去所有可能辨认出来访者的信息（得到来访者的书面许可的情况例外）。心理辅导员应认识到自身的局限性，对自己能力范围外的个案，应及时做好转介工作。参与危机干预：在心理辅导过程中，如果发现来访者有危害其自身和危及社会安全的情况，心理辅导员有责任立即采取必要的措施，防止意外事件发生（必要时应通知有关上级主管部门）。心理辅导员应保持自身情绪的稳定与身心健康，在自身处于较大的情绪波动状态时，应避免接待来访者。

四、辅导员的心理教育作用与职业能力管理

大学生心理健康教育是一项系统的实践工程。辅导员既是学生思想政治工作的骨干力量，也是心理健康教育师资队伍的重要组成部分。

首先，辅导员要转变观念、分清角色，积极参与心理健康教育工作。辅导员的工作只是一个子系统，因此，辅导员要充分认识到自己在心理健康教育系统中的地位，在教育实践过程中发挥自己的优势。辅导员工作在学生教育与管理的第一线，对学生各方面信息的收集有着独特的优势，可以通过自己或学生骨干掌握学生的心理健康状况和学生学习、生活、工作等方面的信息。辅导员要善于在学生中建立广泛的信息传递网络，善于通过网站、论坛、电子信箱、QQ 等途径拓展倾听学生心声的渠道，建立开放式的师生之间和学生之间的交流关系。辅导员对收集到的信息进行汇总、分析、鉴别和反馈而生成的工作内容，反映了辅导员的工作能力和工作敏感度。此外，辅导员还应积极就学生心理健康教育问题向学校的有关部门反映和通报，积极组织学生参加有关部门开展的各种心理健康教育活动，从而有效整合学校的各方力量，共同促进大学生心理素质的提高和健康成长。

其次，辅导员应立足心理视角，提升思想政治教育实效。对大学生正常的心理需要进行正确引导，是辅导员做好学生心理健康辅导的第一步。如果能满足大学生正常的心理需要，那么他们的心理发展就基本是健康的；反之，则会引发心理问题。要认识到学生的心理问题是因为其在满足心理需要的过程中受到了挫折或阻碍。大学时期是学生从稚嫩走向成熟的过渡阶段。进入大学这个新环境，他们希望自己能够独立，但是他们又不知道如何独立，会感到恐惧，特别需要心

理上的支持。辅导员应该帮助他们消除心理上的恐惧感，引导他们逐渐由依赖心理状态向独立心理状态过渡。辅导员应该深入学生中，了解学生的个性发展，帮助和引导学生找到适合自己个性发展的人生目标，制订比较切合实际的职业规划。辅导员要同他们一起讨论大学的学习特点，引导他们树立明确的学习目标，帮助他们掌握科学、有效的学习方法，从而顺利地完成学业。大学生迫切希望结交到真正的朋友，但又缺乏交往的技巧和方法。因此，在交友方面会出现各种障碍及心理问题。辅导员应当帮助他们，成为他们的第一个对话人，教会他们把握人际交往的原则和技巧，提高人际交往的能力。

再次，辅导员要树立开展心理健康教育工作的自信。许多辅导员与心理工作保持距离的原因在于感到自己对心理学很陌生，对心理咨询和心理健康教育相关知识理解不深。其实，辅导员如能接受系统的心理咨询和心理教育培训就能消除这种畏惧心理，而且在实际工作中，建立良好的师生关系，也能为做好心理健康教育工作打下良好基础。建立良好师生关系的第一步是给学生留下良好的第一印象，这在心理学上叫作首因效应。具体工作中，辅导员应注意以下几点：一是做好新生的接待工作。大学生踏入大学校门，渴望能与师长倾心畅叙，得到心理关怀，因此，这在新生进校起，辅导员就应该抓住与学生建立良好关系这一契机。二是帮助学生解决实际困难。当学生学习或生活中遇到困难时，辅导员应该尽自己所能，全力帮助。三是做学生的知心朋友。关注学生心理成长，加强师生间的交流和沟通。四是以身作则，心态平和，言传身教。这些都是师生建立良好关系的基础。第二步是学会因材施教。在现实生活中，不同的学生有不同的性格：有的学生坚强自信、宽容、豁达；有的学生自卑；有的学生意志薄弱；等等。辅导员在工作中应该分析学生的心理活动，将学生按性格、行为分类，区别不同学生的心理活动，有针对性地结合学生的心理特点给予适当的满足和引导，在某种意义上就是初步完成了心理疏导和心理教育。第三步是重点关注特殊群体。如内向学生群体、贫困学生群体、网络成瘾学生群体、学习严重困难学生群体、应激状态学生群体等。

最后，辅导员要加强心理工作能力培养。辅导员要自觉学习和掌握心理健康教育的正确方法、加强心理健康理论知识的学习，正确分析工作中遇到的学生心理障碍问题，对症下药，能够成功解决学生表层的心理问题，并引入心理健康教育工作的一些方法。实践证明，团体心理辅导作为发展性咨询，比较适合辅导员开展工作。辅导员可以带领班级开展团体训练活动，将生活中可能遇到的境况以游戏的形式展现，帮助参加活动的人学习、体验、适应，从而帮助学生解决现实生活中的问题，从整体上促进学生的心理健康，帮助他们提高自身素质。

五、心理委员的遴选与管理

设立心理委员，旨在加强辅导员、心理健康教育教师与学生之间的交流，便于及时了解学生的心理健康状况，更好地对校园心理危机事件进行预防和干预，充分发挥朋辈教育的作用。心理委员可发挥纽带作用，协助教师开展心理健康教育工作，进一步增强全校学生的心理健康意识。

（一）心理委员的遴选与任职条件

心理委员应具有"助人、奉献、热情、主动"的基本特质。"助人"是要求心理委员能够做到乐于帮助其他同学，特别是从心理上去关心帮助其他同学，这是对心理委员的第一个要求，也是对心理委员的最基本要求；"奉献"是要求心理委员具有无私奉献的精神；"热情"是要求心理委员能够满腔热情地投入关心帮助同学的工作之中；"主动"是要求心理委员能够发自内心地去观察周围同学，主动体察同学的情感变化。每班至少配备一名心理委员。心理委员的遴选要求是：品学兼优，学习成绩良好；心理健康状况良好，乐观开朗；对心理学知识有兴趣，关注心理健康；热心集体事务，做事踏实认真，人际关系良好；善于与他人沟通，具有良好的语言能力和组织能力；能够切实协助学校、班主任做好心理辅导员的工作，把工作落到实处。

（二）心理委员的工作职责与要求

心理委员是一个直接与同学进行心灵互动的职位，在学校心理咨询中心教师、学院心理健康教育教师和校（院）心理辅导员的共同组织、指导下，开展班级心理健康教育工作。心理委员应宣传普及大学生心理知识，传播心理健康理念，定期在班上开展一些有关心理健康的宣传活动，并做好相应的总结和记录，促进本班同学心理素质的提高；宣传介绍学院心理健康教育工作的进展和心理援助设施的建设；负责收集本班同学的心理健康信息，定期向辅导员汇报本班同学的心理健康状况；努力学习相关的心理健康知识，提高对心理健康的认识，用相关知识帮助同学，用乐观心态引导同学；加强与其他班干部尤其是宿舍长的联系，及时发现问题，善于帮助有心理困惑和烦恼的同学，当发现个别同学有严重心理问题时，要及时报告学院领导和教师，并劝说其尽快到相关心理辅导、心理医疗机构寻求帮助；协助心理专业教师上好心理健康教育课，做好班级心理普查工作；配合学院开展心理健康教育系列工作，积极参加各种心理讲座、心理委员培训、专题学习和交流活动，不断提高自己的工作能力；按照要求每学期写好工作总结，并上交各系心理辅导员。

第三节　高校心理健康教育队伍的心理素质管理

一、心理素质管理的含义

高校心理工作者的心理素质管理是对工作人员的心理素质进行控制和提高的总称，是管理者遵循事物发展与人的心理发展的特点、规律，有意识、有目的地借助各种媒介，调动人的主观能动性，使人保持良好心态，以实现共同目标而实施的管理；是关注其心理变化，调节其心理平衡，激活其心理潜能的活动，是新形势下高校心理健康教育管理工作的重要组成部分，也是新时期高校心理健康教育工作者队伍建设中需要加强的一个重要方面。

二、心理素质管理的意义

心理素质管理有助于加强和改进大学生心理健康教育。高校心理健康教育工作者是大学生心理健康教育工作队伍的主体之一，是大学生心理健康教育的骨干力量，是大学生心理健康成长的指导者、引路人和知心朋友。这支队伍的心理健康素质和心理素质，很大程度上关系着高校心理健康教育的效果。"教育是用生命感动生命，用灵魂唤醒灵魂"，而心理健康教育更是需要用心来完成的事业。高校心理健康教育工作者心理素质过硬是进行心理健康教育的先决条件，是取得教育对象理解、信任的基本因素，也是重要的影响源。近年来，随着国际、国内环境的变化和高等教育事业的快速发展，高校心理健康教育工作的环境、对象、内容、任务都发生了深刻的变化，这些都对高校心理健康教育工作者的心理素质提出了更高的要求。只有心理素质过硬的高校心理健康教育工作者，才能准确把握当代大学生的思想脉搏，创造性地开展工作，提高心理健康教育的实效性、吸引力和感染力。因此，加强对高校心理健康教育工作者心理素质的培养，有助于提升大学生心理健康教育水平，也即满足有效育人的需要。心理健康教育工作者只有用一个全面发展的生命去影响、熏染一个个需要全面发展的生命，通过支持与鼓励、细听与倾诉、说明与指导、控制与训练等方式让教育和管理建立在有效的心理关系上，努力成为学生智慧的生成者、学习的引导者、人际关系的调节者、心理健康的维护者、全面发展的促进者，才能提高高校心理健康教育的效果和管理效能。

心理素质管理有助于发挥高校心理健康教育工作者心理素质的整体功能。高校心理健康教育工作者的心理素质是指高校心理健康教育工作者心理诸要素及其发展水平，应该是那些与学生身心发展密切关联的心理品质的总和，是高校心理健康教育工作者在教育实践过程中反映出来的个性心理品质和心理能力的统一体。心理因素是高校心理健康教育工作者从事心理健康工作的基本动力。良好的心态能促进高校心理健康教育工作者的心理健康，充分发挥其工作的积极性和创造性，进而提高工作效能。消极的心理状态和心理体验则会阻碍高校心理健康教育工作者个人潜能的发挥，束缚其创新能力的发展，也不利于工作效能的提高。针对高校心理健康教育工作者的实际情况，对其进行心理调查、心理疏导、心理训练，有助于提高其心理防护能力、心理适应能力和心理承受能力，有助于心理素质整体功能的发挥。高校应关注心理健康教育工作者的自身价值、独立人格、生存和生活及其意义、理想及命运。高校心理健康教育工作者应降低职业倦怠，增加幸福感，既能体味传道、授业、解惑的畅快，也能体会自身价值实现的愉悦感。

心理素质管理有助于提高高校心理健康教育工作者的心理自助能力。高校心理健康教育工作者的工作不仅受外界环境的影响，而且受自身心理状态、心理发展水平的支配。高校心理健康教育工作者在工作过程中，不可避免地会产生心理问题和心理压力。解铃还须系铃人，高校心理健康教育工作者心理问题的预防需要自我保健，心理素质的提高需要自我持之以恒地训练。心理素质管理的目的是让高校心理健康教育工作者学会自助。具体要求为：高校心理健康教育工作者要学会自我化解内心冲突；对心理压力，能够自我缓解；对自身的不足、缺陷，勇于进行矫治；对自己解决不了的心理问题，敢于主动求助。

心理素质管理是实现高校心理健康教育工作者职业化的需要。心理素质在一定程度上影响着高校心理健康教育工作者的专业承诺、内在工作动机、职业决策、工作绩效、身心健康等，进而影响高校心理健康教育工作者队伍的职业化建设。职业效能感的高低是由人的职业素质决定的，职业素质高容易获得较高的职业效能感；反之，则获得较低的职业效能感。在高校心理健康教育工作者的整体素质中，心理素质是基础和核心部分，具有很大的能动性。

心理素质管理可以提升高校心理健康教育工作者个体的主观幸福感。效能感是对自身能力的信心或信念，是获得幸福感很重要的心理基础之一。自我效能感在自我调节系统中起着主要作用。一方面，自我效能感的高低不仅可以影响高校心理健康教育工作者对工作投入的兴趣和动机，还影响高校心理健康教育工作者管理学生能力的表现程度；另一方面，自我效能感是影响高校心理健康教育工作者有效开展学生工作的关键因素，还关系到心理健康教育工作者的职业幸福感。

心理素质管理有利于大学生健全人格的塑造。与其他教育形式相比，心理健康教育工作者的心理形象与职业形象的相关性要高很多。高校心理健康教育工作者的心理素质对大学生有明显的示范作用。他们的言谈举止、兴趣爱好、意志品质和人格魅力等是其内心世界的客观反映，能对大学生的人格产生广泛、持久的影响。因此，提高高校心理健康教育工作者的心理素质，对塑造大学生健全人格具有潜移默化的作用。

三、心理素质的内涵

心理素质是指人的认知、情感、意志、需要、兴趣等各种品质，包含个性心理品质、心理健康状态、智力因素、自我认识能力、适应能力、社交能力等各个方面，因此，高校心理健康教育工作者自身心理素质的内涵是十分丰富的，主要包括"良好的认知""积极的情感""坚强的意志""和谐的人际关系""健康的心理"等内容。归结起来就是"知、情、意、行"。

（一）良好的认知

首先，对环境的认知。消极认知可能来自特殊的工作对象、复杂的工作内容、无界的工作时间、无限的工作量、高标准的工作要求、对私人空间的无序侵占等。高校心理健康教育工作者要努力建立积极认知，用负责任的态度重新审视自身是否对高校心理健康教育工作者的工作性质评估不足或者自身职业匹配度不高等，找到问题的关键，负责任地去区分哪些是自己的因素、哪些是环境的因素，从而努力去改善，积极适应。

其次，对角色的认知。高校心理健康教育工作者要能客观地看待本职工作的现实意义，对自己选择的心理工作角色，可以建立积极认知。良好的角色认知，一是利的价值：为学生的成长助力，使学生的人生因此而不同。二是善的价值：为学生的成长殚精竭虑、呕心沥血，为学校的发展全心付出、无私奉献，为家庭和社会尽职尽责，尽管不轰轰烈烈，但于琐碎中彰显着善的尊严。三是美的价值：即使没有绘画、音乐、文学上的突出成就，也可以协助学生书写和描绘出开篇之作，使他们的人格、良知和教养受到美的影响。

最后，对自己的认知。德国哲学家谢林说过，一个人如果能意识到自己是什么样的人，那么他很快就会知道自己应该成为什么样的人。让他在思想上觉得自己重要，在现实生活中他也会觉得自己很重要。由于工作成功概率难以确定、见效周期长、成果无形化等，很多高校心理健康教育工作者对自身价值评价不准确，妄自菲薄。高校心理健康教育工作者要学会认识自己，并扬长避短，积极做好自身的职业规划。当然，如果确实不能在这份工作中找到成就感和价值感，就应尽早另作选择。

（二）积极的情感

积极的情感是心理的动力因素，是个人的需要是否得到满足和对客观事物表示爱憎好恶的内心体验。积极的情感可以舒展情怀、净化心灵、催人奋进，是打开心扉的钥匙，是沟通心灵的桥梁，也是心理教育成功的前提。俗话说，感人心者，莫过于情。优秀的高校心理健康教育工作者的行为都带有浓厚的情感色彩，譬如关爱学生、悦纳自己等。许多优秀的高校心理健康教育工作者因对学生怀有深厚的感情而获得了学生的尊重甚至崇拜，同时也创造了工作业绩。对自己的情绪要管理，稳定的情绪是情感的外部表现。高校心理健康教育工作者的情绪是否稳定，是否乐观和积极，将影响高校心理健康教育工作者的整个心理状态，关系到心理健康教育的效果。情绪需要管理，诸如焦虑、愤怒等负面情绪的管理尤为重要。因此，高校心理健康教育工作者应当学会做情绪的主人，使自己经常保持乐观愉快、热情开朗。

（三）坚强的意志

良好的意志品质包括献身心理健康教育事业的明确的目的性、多谋善断的果断性、知难而进的顽强性、沉着冷静的自制力等。高校心理健康教育工作者即便工作再努力，也难以确保学生不出一点意外。罗宾斯认为，压力是一种动态情境，在这种情境中，个体要面对与自己的目标相关的机会、限制及要求，并且这种动态情境所产生的结果被认为是重要而又不确定的。高校心理健康教育工作者虽然不是大学生安全的第一责任人，但仍需面对心理的、外界的压力。这种对未来不确定事故的忧虑所引发的职业预期压力，使他们深感"职业安全"面临威胁。

（四）和谐的人际关系

和谐的人际关系是高校心理健康教育工作者良好心理素质的一个重要指标。它包括：了解自己的义务和权利，使个人的思想、目标、行为与社会要求协调；能客观地了解和评价别人，不以偏概全，积极与他人做真诚沟通；与他人相处时，尊重、信任、赞美等正面态度多于仇恨、嫉妒等负面态度。

（五）健康的心理

美国心理学家马斯洛和米特尔曼提出的心理健康的十条标准被公认为"最经典的标准"。具体为：充分的安全感；充分了解自己，并对自己的能力作适当的评价；生活的目标切合实际；与现实的环境保持接触；能保持人格的完整与和谐；具有从经验中学习的能力；能保持良好的人际关系；适度的情绪表达与控制；在不违背社会规范的条件下，适当满足个人的基本需要；在不违背社会规范的条件下，能进行有限的个性发挥。

四、提高心理素质的方法与途径

高校心理健康教育工作者心理素质管理应遵循协调发展、心理补偿、心理疏导、体验内化与自我调适五个原则。

（一）协调发展原则

协调发展，首先是指心理品质和心理能力的协调共进、协调发展。人的心理活动及其积淀而成的心理素质，是一个多层次、多因素的复杂系统，各种心理素质之间有着紧密的联系和作用，在心理素质管理中只注重几个方面而忽视其他方面是不正确的，应促进心理素质各个方面协调发展，以提高心理素质。其次是指高校心理健康教育工作者的心理素质的提升与其政治素质、道德素质、文化素质的提升是紧密联系的，心理素质的提高需要高校心理健康教育工作者的各方面素质协调发展。高校心理健康教育工作者要充分认识自己和社会，扬长避短，发挥潜能，开发创造力，增强社会适应性，就必须不断超越自我、完善自我，提升整体素质。高校心理健康教育工作者心理素质的协调发展主要是发展智能，发展个性，发展社会性，发展创造性等。

（二）心理补偿原则

生理缺陷可以补偿，心理素质缺陷同样也可以补偿。高校心理健康教育工作者心理素质缺陷的表现是多方面的，因而补偿的内容也表现在多个方面，如情感补偿、体验补偿、人际交往补偿、意志力补偿、心理承受力补偿、心理活动导向补偿等。关注高校心理健康教育工作者的心理状态，不仅要关注其外在行为的控制，更要关注其内在需要的满足。针对高校心理健康教育工作者某些心理需要的缺失进行积极补偿是恢复其心理健康状态，矫正其心理问题行为的有效措施。高校心理健康教育工作者面对纷繁复杂的事务，付出与回报并不成正比，加之晋升、待遇等方面的不公，很容易出现心理失衡。心理失衡不仅会给人不愉快的情绪、情感体验，而且会使失衡者产生一种心理需要，这时就要迅速进行心理调节，使之平衡，摆脱失衡心态的阴影。心理补偿一方面能够提高心理调节能力，另一方面能够维护心理健康，因而是获得良好心理素质的重要途径。

（三）心理疏导原则

心理疏导就是疏通心理淤塞，使心理活动畅通无阻。加强心理疏导和行为指导，是培养高校心理健康教育工作者健全人格和健康心理的保证。近年来，随着高校改革的深化，办学规模不断扩大，学生人数不断增加，高校心理健康教育工作者群体也面临着一些现实问题。加强心理疏导可以塑造高校心理健康教育工作者良好的心理品质，使其树立正确的世界观、人生观和价值观，认清个人价值与社会价值的辩证关系，自觉把献身心理健康教育事业作为实现自身价值的根本目标。高校心理健康教育工作者在现实生活中难免遇到困难，如果不能及时加以疏导，势必导致心情不愉快，工作无效率。因此，高校管理层应注重对高校心理健康教育工作者的心理疏导，促进高校心理健康教育工作者良好心理素质的培养。

（四）体验内化原则

体验是一个由知、情、意、行综合构成的内化系统，是心理素质形成的内在机制。影响高校心理健康教育工作者心理素质的因素既有客观的，也有主观的。高校心理健康教育工作者要形成正确的认知体系、良好的意志品质、健康的人格特征，离不开正确的世界观、人生观、价值观和必要的心理学知识，离不开良好环境的熏陶，也离不开在生活实际和社会实践中的切身体验。心理的发展是一个学习过程，真正有效地学习是一种心智活动，而体验是一切心智活动的基础与前提。体验是用全部的心智去感受、关注、认识、评价某一事物、人物、事件、思想。只有以体验为前提，才能有效地进行认识活动，进而发展情感、锤炼意志、塑造健康人格。对于高校心理健康教育工作者来说，提升心理素质仅靠体验是不够的，还必须将体验获取的信息内化为一种稳定的、与个体行为相联系的心理品质和心理能力。只有经过反复地体验内化，才会明晰认识，坚定信念，规范行为，形成品质。体验内化是心理素质形成的关键。

（五）自我调适原则

所谓调适，就是调整、适应。心理素质表现为一个人积极、持续的心理状态，是一个动态的形成过程，需要不断地进行心理调适。高校心理健康教育工作者既要调适自己的行为，又要调适自己的心态。首先，要有"内省"的自律心理。所谓"内省"，就是对自己内心的省视、省察，是一种自觉的自我反省。通过"内省"深刻反思自己的言谈举止、待人接物、为人处世的种种表现，进而作出自我评价、进行自我心态的调适，促使自己行为适应，达到自我完善。其次，要有持之以恒的毅力。心态的调适，尤其是健康心理的培养不是一蹴而就的，而是一个长期的、曲折的实践过程。高校心理健康教育工作者在心理素质养成过程中，要有坚韧不拔的毅力、知难而上的心态，对自己、对学生要始终持积极乐观的态度。培养良好心理素质，要从对待每一件事的心态调整做起，久而久之，渐成习惯。坚韧、耐心、自信、乐观、顽强、和谐、创造等心理品质无一不是长期锻炼的结果。

自我调适主要有以下几种方法。

1. 移情

高校心理健康教育工作者若处于难以释放的压力之中和面对难以完成的任务，可以把产生压力的事件先放在一边，试着去做自己喜欢的和比较轻松的事情，通过参加一些活动，或通过身体锻炼、培养业余爱好、听音乐、散步等转移自己的注意力，从而消除压力带来的紧张和焦虑等不良情绪。

2. 反思

高校心理健康教育工作者应经常记录自己在心理健康教育和学生事务管理工作中获得的经验、心得，并与经验丰富的高校心理健康教育工作者共同分析，对学生心理健康教育和学生事务管理工作中遇到的问题进行深入探讨等。

3. 认知重建

积极的认知方式能使人信心倍增，情绪饱满。大学生工作内容的不断扩展给每位高校心理健康教育工作者提供了平等的竞争机会，但不会保证每位高校心理健康教育工作者得到平等的收入和评价。高校心理健康教育工作者要学会正确地认识和评价自己，并在此基础上形成积极正确的自我观念，扬长避短，学会制定现实可行的、具有灵活性的自身发展目标，并为取得的部分成功表扬自己，增强自我保护意识，善待自己。高一层着眼，深一层存心，远一层设想，对工作、对自己、对未来，首先要想明白，才能做明白。

4. 多角度寻求支持

社会支持可以减少压力过大而带来的负面影响。因此，多角度寻求社会支持能有效缓解精神压力。一是与家人进行思想交流，获得家人的理解与支持；二是多参加同事之间、朋友之间开展的文娱、体育等集体活动，通过文化休闲缓解压力；三是求助于专业咨询人员，通过心理辅导排解负面情绪。

总之，高校心理健康教育工作者要学会"用自己的矛攻自己的盾"，在帮助和支持大学生心理健康发展的同时，要解决好自身的心理问题。

第四节　高校心理健康教育工作者的人格素质与培养

一、重视高校心理辅导人员人格素质

提高高校心理辅导人员的人格素质，首先是高校心理咨询发展性辅导模式的要求。高校心理辅导的内容包括学习辅导、生活辅导、人生修养辅导、性格修养辅导、择业辅导等几个方面。高校心理辅导的主要模式是发展性辅导模式。发展性辅导（咨询）的功能如下：一是激励咨询对象调整解决自身心理问题的能力结构，从信念和动力结构方面树立主体意识，从总体上培养其健康的人格结构；二是帮助咨询对象纠正对自身内部心理状态以及对外部社会环境的不恰当认知；三是为咨询对象实现更高的人生目标设计和提供最佳行为策略；四是通过心理健康教育，指导个体预防潜在的心理问题等。这就要求心理辅导人员首先应对各种社会影响和现实问题作出正确的价值判断，并基于这种判断，在教育过程中引进最具价值的心理学知识和技能，帮助学生改变认知，打造完善的人格结构。如果心理辅导人员自身的人格结构不完整，或者本身就存在着一些片面错误的认知，就无法提供正确、客观的价值判断结论。

提高高校心理辅导人员的人格素质，是大学生这一特殊辅导对象的要求。心理治疗的主要目的，不是使人进入一种不可能的幸福状态，而是使人面对苦难具有一种哲学式的耐心和坚定。大学生具有较高的文化素质和思想修养，有较好的分析问题、解决问题的能力，有较强的逻辑思维能力，是一个较为特殊的辅导对象群体。辅导人员如果想通过辅导给大学生以"哲学式的耐心和坚定"，就得让大学生感觉到他所面对的辅导人员本身就有这种耐心和坚定。因为在发展性模式里，大学生的问题更多的是成长过程中的问题，辅导过程中更多体现的是辅导人员自身的成长经验、价值体系、情绪感受向求助者的转移，学生需要从中筛选出能引发共鸣的信息去模仿、借鉴，或者说从中学会成长。因此，辅导人员的表率作用、偶像作用是非常关键的，在某种意义上可以弥补专业素质上的不足。实践证明，高校中拥有巨大人格魅力的辅导人员更容易得到来访大学生的信任和肯定，辅导效果更明显。

二、高校心理辅导人员应具备的人格素质

对咨询人员的素质、人格特性的具体要求，往往因心理咨询学派的立场和观点的差异而有所不同，但有一些基本的人格素质是必备的。

（一）客观性

客观是咨询者（治疗者）在心理咨询和治疗过程中必须保持的态度。对于高校心理辅导人员而言，在心理辅导实践中，这一客观态度包含共感能力、诚实接纳及深入理解对方的情感态度，也即"共感的理解"。

（二）对个人的尊重

尊重是每一个来访者最基本的需要。高校大学生更需要他人对自己所面临的问题给予重视和足够的尊重，而他来到心理辅导人员面前，就意味着他认为同学、家长和其他教师无法给予他想要的尊重和理解了，而把唯一的希望投注于他所选择的辅导人员身上。那么心理辅导人员首先要做的就是深入了解其现在的心理状况，尊重来访学生，无论何时都信任他，承认他的生活方式，使他从苦恼与不安中解脱出来。换个角度讲，就是接纳他的本来面貌，给予无条件的积极关注和尊重。

（三）自我理解

对自我的理解，也称为"自我一致"。心理辅导人员首先应该具有解决个人问题的能力，能自我接纳，自我调节、自我防卫机制不能过强，无论遇到什么困难，都应该积极地、开朗地对待。只有这样，心理辅导人员才能相信来访者自身的力量，才能承担起帮助来访者解决问题的责任。心理辅导人员应该有自知之

明，了解自己的长处和短处，不断地提高、改善自我。

（四）专业人格

任何从事某一专业工作的人都应具备与其专业要求相当的人格素质。在实践中，高校心理辅导人员应该是身心健康的一个群体，因为大学生往往对其有趋于完美的期望。辅导人员的专业人格包括良好的个性（性格）和高尚的品德（品格）。

三、高校心理辅导人员人格素质的培养

心理辅导是一项为人提供心理服务的工作。它是一门科学，也是一门艺术。毕竟不是所有的人力资源都具有充分而必要的条件可以满足高校心理健康教育工作的要求，所以对希望从事心理辅导工作的人员的人格素质有一个选择的过程，需要继续教育和跟进培养。

（一）自我意识的培养

心理辅导人员自我意识培养的主要内容是善于利用自我意识，实现自我调控，保持心理健康，并善于指导学生发展自我意识，开展自我教育。心理辅导人员自我意识发展完善的重要标志有两个：一是其角色的心理适应，即能够依据社会的期望与职业活动的要求，以及特定的教育情境，随时调整自己的心理和行为，以适应这个角色；二是自我调控能力的提高。

（二）情绪、情感、品质的培养

稳定的情绪是心理辅导人员完成心理辅导工作不可或缺的条件。高校心理健康教育工作者情绪、情感培养的主要内容：懂得情绪、情感产生的机制、特点、功能及正常值；了解自己情绪、情感发生发展的特点、水平和规律，学会一些调控的手段和方法，培养良好的情绪反应能力，经常保持良好的心境和乐观、沉着的情绪；具备较强的抗干扰和自控能力，防止焦虑、烦躁、抑郁等心理疾病

的发生；重视对理智感、美感、道德感等高级情感的陶冶。

（三）需要与动机心理品质的培养

心理辅导人员还应具有以下特点。一是要助人为乐。把心理辅导工作和帮助每一个有需要的大学生当成最重要的事情，以学生的求助需要为自己的需要，保持较强的职业兴趣。二是甘于寂寞，注重精神追求。相对来说，高校心理辅导工作属于新生的、边缘性的工作，在福利待遇以及评职等方面并没有什么优势，甚至还有工作阻碍。因此，高校心理健康教育工作者只有将自我需要与动机调整到注重精神追求的层次，才能保持良好的心态，适应工作的需要。三是心理辅导人员必须自觉地遵守一定的道德标准，进行必要的取舍，力求使自己的思想行为符合社会要求，成为学生的表率。

第五章

大学生心理危机的预防措施

第一节　心理危机概述

一、心理危机的相关概念

（一）危机的概念

危机这一概念被广泛应用在经济、政治、社会等很多领域，如人们常说的经济危机、金融危机、政治危机、能源危机等。美国的《韦氏大词典》将"危机"定义为"决定性或至关紧要的时间阶段或事件"。我国《辞海》则认为危机是一种紧急状态。《现代汉语词典》对危机的解释是"潜伏的危险""严重困难的关头"。

危机是一个动态发展的过程，每个发展阶段都有不同特点，当事人会有不同的心理和行为表现。人们对危机的反应通常会经历冲击期、防御期、解决期、成长期四个不同的阶段。

（二）心理危机的概念

日常生活中，我们经常听到"经济危机""政治危机"这样的词语，对于"心理危机"，很多人感到很陌生。

心理危机这一概念是美国心理学家卡普兰首次提出的。他认为，心理危机是当个体面临突然或重大生活事件（如亲人死亡、婚姻破裂或天灾人祸）时所出现的心理失衡状态。他认为，每个人都在努力保持一种内心的稳定状态，使自身与环境稳定协调，当重大问题和剧烈变化使个体感到问题难以解决时，平衡就会被打破，正常的生活会受到干扰，内心的紧张不断积累，继而出现无所适从甚至思维和行为的紊乱，进入一种失衡状态，这就是心理危机的状态。

可见，危机是个体无法用现有的资源和惯常应对机制加以处理的事件和遭遇。危机有两层含义：一是指突发事件，如地震、水灾、空难、疾病、失去亲人、恐怖袭击、战争等；二是指人所处的紧急状态。心理危机产生后，若得不到及时有效的帮助和支持，也无法通过调动自身的潜能重新建立和恢复危机出现前的心理水平，则可导致精神崩溃，产生自杀或攻击他人的不良后果。

当出现心理危机时，当事人可能及时察觉，也有可能"未知未觉"。无论何种情形，个体面对心理危机时都会产生一系列身心反应。一般，心理危机反应会维持 6 ~ 8 周。

在本书中，心理危机主要是指当事大学生主观认识上的失衡，即当事大学生认为自己所经历的某一事件或境遇是其个人资源和原有的应对能力所无法解决的困难，这种困难带来了无助感和困扰冲突，若得不到及时缓解或帮助，当事大学生的情感、认知和行为等方面的功能会失调，甚至冲动地自残或伤及他人，其后果是令人心痛和震惊的。

（三）与心理危机相关的概念

挫折、创伤、压力等都和危机有着密切关系，同时在内涵方面有非常接近的内容。为了更好地确定心理危机的范围，做好广泛而又深入的心理危机研究，下面对与心理危机有关的概念进行辨析。

1. 危机与应激、压力

应激是指一种身心紧张的状态，而这一状态的形成与个体受到的紧张刺激有关，常表现为身体机能和心理的变化。心理学研究领域通常不会区分应激和压力两个概念，而是将其等同看待。

适度的压力或者适当的应激，对人是有益无害的。人处在紧张的情境下会明显提升警觉度，其感觉和知觉会更加灵敏，其注意力会高度集中，其记忆力以及思维活跃度会大幅提升，这些都属于积极变化要素，有助于个体应对外部的威胁和挑战。但是，其前提条件是应激与压力处在正常并且能够应对的范围之内，如果压力或者应激使个体没有办法承受，就出现了危机，所以我们可以把心理危机称作严重应激反应。

大学生在面对较大的学业压力时，表现出适度的考前焦虑是极为正常的，但如果大学生每次面对考试都非常紧张，身体出现严重的不良反应，在考试时大脑空白，不能够顺利考试就要给予重视，如果不快速调整好状态，很有可能出现严重焦虑，甚至影响其正常学习状态。

2. 危机与挫折、创伤

挫折是指挫败和失败。从广义的角度来看，挫折泛指可以导致人精神紧张，出现严重疲劳与心理状况转变的刺激性事件。从心理学方面理解，创伤是指有可能导致或者增加心理不适感的经历或事情。二者通常情况下都是指应激事件，但是危机则是一种心理状态。

个体经历挫折与创伤并不一定陷入心理危机状态，而且心理危机状态也不一定是挫折或创伤造成的。从这一角度来看，挫折、创伤和危机并不存在必然的因果关联。

二、心理危机的相关分类

（一）根据危机刺激的来源分类

根据危机刺激的来源，可以将心理危机分为发展性危机、境遇性危机和存在性危机三种。

1. 发展性危机

发展性危机又称内源性危机、内部危机、常规性危机，是指正常成长和发展过程中的急剧变化或转变所导致的异常反应。

心理学家埃里克森认为，人生是由一系列连续的发展阶段组成的，每个阶段都有其特定的身心发展课题。当一个人从某一发展阶段转入下一个发展阶段时，他原有的行为和能力不足以完成新课题，新的行为和能力尚未建立起来，发展阶段的转变常常会使他处于行为和情绪的混乱无序状态。如果没有及时为承担新角色培养新的能力和应对方式，每个人都有可能产生发展性危机。如果一个人没有及时建设性地解决某一发展阶段的发展性危机，他未来的成长和发展就会受到阻碍，甚至停留在那一阶段。

发展性危机被认为是常规的、可以预期的，又是独特的，在生命发展的各个时期都可能存在。如果个体有足够的时间和机会对发展性转变作出适应性的调整，如获得有关信息、学习新技能、承担新角色，就会减小危机对心理的冲击和损害。但是，如果个体缺乏处理危机的经验，对挫折的耐受能力差，缺乏自信，不会与人相处，发展性危机对其心理的冲击就会很严重。

2. 境遇性危机

境遇性危机也称外源性危机、环境性危机、适应性危机，是指由外部事件引起的心理危机，是当出现罕见或超常事件，如地震、火灾、洪水、海啸、龙卷风、疾病流行、空难、战争、恐怖事件等时，个体因无法预测和控制而出现的危机。

境遇性危机具有随机性、突然性、意外性、震撼性、强烈性和灾难性等特点，往往对个体或群体的心理造成较大影响。2008年5月发生的汶川大地震给民众造成的心理危机就是境遇性危机，这种危机发生得突然，影响面较广，影响程度较深，影响时间较长，需要进行及时有效的干预。

卡普兰根据危机产生的原因，进一步将境遇性危机分为三类。

第一，丧失一个或多个满足基本需要的资源。具体形式的丧失包括亲人亡故、失恋、分居、离婚、使人丧失活动能力的疾病、肢体完整性的丧失、被撤职、失业、财产丢失等；抽象形式的丧失包括丢面子、失去别人的爱、失去归属感、失去特定身份等。丧失引起的典型的情绪反应是悲痛和失落。

第二，存在丧失满足基本需要资源的可能性。例如，得知自己有可能下岗、离退休等。

第三，适应生活变化对个体原有能力提出更高的挑战。常见的情况是本人地位、身份及社会角色的改变所提出的要求超过了个体原有的能力。例如，由中学升入大学的生活适应、毫无准备的职位升迁等。典型的情绪反应是焦虑、失控感和挫折感。

不论哪一种境遇性危机，都具有以下特点：一是当事人有异乎寻常的内心体验（情绪），伴有行为和生活习惯的改变，但无明确的精神症状，不构成精神疾病；二是有确切的生活事件作为诱因；三是面对新的难题和困境，当事人过去的举措无效；四是持续时间短，几天或几个月，一般是 4 ～ 6 周。

3. 存在性危机

存在性危机是指伴随人生重要的问题，如关于人生目的、责任、独立性、自由和承诺等出现的内部冲突和焦虑。存在性危机可以是基于现实的，也可以是基于后悔的，还可以是一种压倒性的持续的空虚感、生活无意义感。

（二）根据危机产生的早晚分类

根据危机产生的早晚，可以将心理危机分为急性危机、慢性危机和混合性危机三种。

1. 急性危机

急性危机由突发事件引起，当事人出现了明显的生理、心理和行为的紊乱，若不及时干预，会影响当事人或他人的身心健康，甚至会出现伤害他人或自伤行为，需要进行直接和及时的干预。

2. 慢性危机

慢性危机由长期、慢性的生活事件导致，需要较长时间的咨询，并需要建立适当的应对机制，一般需要转诊至长期的专业咨询工作者。

3. 混合性危机

很多情况都是多种因素混合导致多种危机共存的。例如，一位创伤幸存者存在酒精依赖问题，失业人员存在抑郁情绪问题，婚外恋人员存在家庭暴力问题等。因此，处理危机时一定要分清主次。

第二节　个人层面的预防措施

一、提升自身的适应能力

刚入学的大学生由于生活环境、学习环境、生活方式等的改变，都会经历一个适应阶段。不同的是，有的人适应期长，有的人适应期短；有的人适应能力强，有的人适应能力差。适应的具体定义是，人面对外在环境变化时的内在系统自我调整、顺应变化的环境和自身客观需求、在个人和外在之间尽快达成新的平衡状态的能力。它有两层含义：一是顺应环境，也就是个体根据环境的改变而改变自我。顺应良好则可以很好地融入周围环境，因适应不良带来的苦恼较少；而顺应不好则容易产生孤独、苦闷的情绪，与周围环境无法和谐相处。二是在顺应环境的同时，个体要保持自我能动性。适应是一个动态发展的过程，人总是在不断变化中建立与环境的平衡。如果与环境失去平衡，人就要改变行为以重建平衡。如果大学生不能快速适应新环境，那么发生心理危机的概率会更大。

（一）大学生面临的环境变化

环境即某一个体进行特定活动的场所。高校新生在入学时所接触的是一个崭新的环境，与以往的校园环境有所不同。

1. 自然环境的变化

就宏观环境而言，我国地理定义上的南北方、东西部、内陆和沿海地区的环境，从地形地貌、气候温度到光照雨水、自然生物等方面都各有特征。南北方的地理环境差异非常明显，而地理环境对人的心理状态有一定的塑造作用。一个人长期受所居住地区的影响，其生理和心理机制必然会顺应周围的环境，与环境建立相对平衡稳定的关系。因此，人的心理状况和性格特征也会因地区差异而有所不同，这也可以说是人们在日常生活中对特定地区人群特征的刻板印象的来源。因此，高校新生（特别是远离家乡在异地求学者）应在入学之前充分考察自己即将融入的学校归属地区的地理特点，如气温、地势等，以便在入学后更快、更自然地适应。

当然，具体到校园小环境和校园周边环境，都需要新生了解、熟悉。大学校园从教室、图书馆、宿舍、食堂到超市等，都与中学有很大的不同。而且大学的周边环境更复杂，有餐厅、娱乐厅、小旅店、医疗场所等，可谓社会的一个缩影。

2. 语言环境的变化

我国作为多民族的人口大国，拥有多种多样的方言。方言差异不仅仅存在于不同的省市之间，还存在于同一城市乃至县城内部。学生在中学时面对的都是本地师生，在日常沟通交流中会使用本地方言。但在高校环境中，学生来自五湖四海，使用的方言多种多样、千差万别，个人了解的方言不再适应校园交流的需要，因此普通话的沟通作用彰显了出来。对于部分学生而言，适应语言环境的过程并不是一件简单的事。特别是对那些很少使用普通话，且对自身普通话水平不高、性格相对内向的学生来说，语言环境的改变是亟待克服的困难。另外，了解学校所在地区的方言特征也是高校新生的一项任务。新生在融入高校周边环境时经常会接触一些本土方言，特别是在餐厅、商店、娱乐休闲场所等公共场合。总之，方言的适应是高校新生在实际生活中的必修功课之一。

3. 人际环境的变化

大学生生活在校园环境中，交往的对象主要是教师和同学，存在的主要人际关系是师生关系和同学关系。但由于高等教育的特点，大学教师与大学生不再像中小学那样频繁接触，大学教师上完课后，可能就不见踪影了，师生交流和沟通较少，甚至一学期过后，教师与学生还互不了解。可以说，在高校大学生最主要的人际关系是同学关系（班级同学交往、社团内同学交往、宿舍成员交往和老乡间交往）。由于大学生来自不同地域和不同家庭，大学生在思想观念、价值标准、生活方式、生活习惯等方面有较大差异。而且大学同学间的目标会出现分化，可能存在一些观念、利益上的冲突。又由于大学生与家庭成员间的交往大大减少，来自同一城市的同学间的感情交流会较多，老乡间互相关注的程度较高，这是与中小学人际交往的一个很大的不同之处。

4. 校园外社会环境的变化

高校新生异地入学需要融入一个与以往完全不同的生活环境。这个新的生活环境包括高校所在地区的人文风情、政治经济、城市规划、交通情况等，学生需要了解当地的各种情况，如方言的表达和当地的日常饮食习惯等。各类大学生可能经常接触的校外单位，如餐馆、书店、网吧等娱乐休闲场所也是需要逐步了解的对象。

（二）经济关系的变化

大学生在离开家庭进入高校之后，在一定程度上有了更大的经济支配权。学生在中学阶段时，往往在消费上受到家长较多的规范、引导和制约，很难实现消费自由。在大学期间，大学生虽然仍旧主要依托家庭给予的经济支持，但大多可以按照个人的理念进行消费，这样就在经济上拥有更大的自主权。此外，相当一部分大学生秉持勤工俭学理念，在校期间通过兼职来获取经济收入，从而减少对家庭的经济依赖。综上所述，大学生对金钱的安排和使用也是一个需要认真应对的问题。

（三）学习的变化

大学学习不同于中学，其专业性更为突出。一般来讲，中学教育的主要目的和作用是为学生下一步的升学或就业奠定文化知识基础，课程的安排及内容在全国范围内都较为统一。而高校课堂教学则根据学生的专业选择来培养专门的技术应用型人才。学生依据个人的志向追求、实际需要、爱好及特长进行专业选择，并有较大可能在大学毕业后独立从事与自身所选择的专业有一定关联的工作或研究项目。按照基础课程和专业课程的划分，教学形式和具体要求各不相同。高校学习的专业性特点决定了其教育培养目标不再是以升学考试为目的，而主要在于将学生培养成具有出众的专业技能的应用型人才。高校学习要求不再侧重于单纯的分数高低，而倾向于对专业知识和技能的把握程度，培养优秀的高素质全面发展的人才。此外，中学和高校的课程内容安排也有明显不同。前者主要教授基础性知识和基本技能，安排的课程和科目也相对有限，固定于几门课程，并且是在以往学习的基础上进行更加深入的学习，学生对所学课程的各个方面（如学科体系、主要思想、学习方法）已经有了一定的了解；后者的课程安排则以模块化设计为主，将不同的课程作为同一知识体系中的"模块"，这些模块共同构成了知识体系框架和全貌。

（四）角色的变化

大学课程与中学课程的不同之处在于——数量上的"多"和深度上的"难"。大学课程比中学多很多，而且大学的学习涉及很多学科的前沿领域，深入研究对象的本质，很多问题是未知的，很多理论是存在争议和具有多种可能性的。大学的学习内容比较抽象，一般牵涉事物的本质和基本原理，对学生的思维和想象力提出了更高的要求，所以学起来比较难。

在学习的自主性上，中学生和大学生有很大不同。中学生主要依靠教师安排学习活动，自主性很弱；大学生则主要由自己安排学习活动，自主学习的范围大。大学生自主支配的时间较长，可选择的学习场所较多——除教室外，还有图书馆、阅览室、宿舍等。大学学习任务以自我监控为主的。

1. 从佼佼者转变为普通人

在新环境中，每个人都会面临巨大的角色转变。大多数大学生要面临的角色转变是从曾经的佼佼者到普通人。因为过去的优势地位动摇了，所以有些大学生会怀疑自己的能力和价值，无法接受现实，甚至开始讨厌自己、产生自卑心理；而有些大学生则不同，他们开始反思自己的价值，挖掘自己的优势和潜力，并接受自己是普通人的现实。后者能更好地适应大学环境。

2. 从一元评价转变为多元评价

在中学阶段，人们习惯把学习成绩作为评价学生好坏的主要标准，而大学阶段则更注重学生素质的全面发展。许多大学生学习成绩优异，但因缺乏特长、综合能力较差，往往不如那些学习成绩并不突出但综合能力较强的大学生受欢迎。因此，大学生对自我的评价应当从一元转变为多元，应该更加重视培养自己的综合素质。

3. 从依赖转变为独立

自我管理和独立能力较差的大学生离开父母后往往无法合理地安排自己的日常生活，在面对现实困难时没有应对的思路和方法，也不善于处理与教师和同学的关系，因此难以充分适应大学生活。这种状况的根源是学生对父母的过分依赖。而大学阶段对学生的独立生活能力提出了考验，学生应在观念和行动上朝更为独立的方向转变。

（五）大学生提升适应能力的对策

1. 积极地接纳自己

人需要通过对自身的客观认识和评价来给自己定位，从而达到适应生活环境的目的。相关心理学研究证实，一个人的自我认知和评价越实际，就越不会被自我防御约束，从而具备更强的社会适应能力；反之，则有可能产生各种负面的心理问题。

适应环境反过来会影响一个人对自我的认识。在外部条件一定的情况下，一个人能否取得成功，关键在于他能否准确地识别并充分发挥自己的优势。因此，接纳自己、认识自己、发现自己的优势是个体在新的环境中应对适应不良问题的重要策略。然而，在现实生活中，很多人都没有考虑过自己的优势。美国著名管理学家德鲁克曾说："大部分人都不知道他们的优势何在，如果问他们自身的特点，他们就会呆呆地看着你，或文不对题地大谈自己的具体知识。"因为不了解自己的独特价值而无法树立自信心、无法转变角色以适应环境变化的现象在大学生群体中相当普遍。

大学生如何在日常生活中接纳自己、培养自信心呢？英国心理学家克列尔·拉依涅尔提出了以下十条原则。

第一条：每日三次对着镜子整理仪容，三次时间分别是清晨、午饭和晚间就寝前。其目的在于消除盲目的外表焦虑，以便在学习和工作时集中精力。

第二条：不介怀个人的身体缺陷。

第三条：不过分在意别人对自身的注意和不满。

第四条：不过分指责别人。

第五条：认真聆听他人的话语，不唐突打断他人发言。

第六条：坦诚做人，承认自身的无知和不足之处。

第七条：善于结交可靠的朋友。

第八条：远离酒精，勿以酒饮来麻痹精神。

第九条：不必过分拘谨，不过分在意志不同、道不合的对象。

第十条：尽量不使自身处于困境中，避免他人对自己产生优越感和鄙视感。

2. 确立学习目标

对很多大学新生而言，中学阶段的学习目标非常明确，就是考上大学。现在已经考上大学，新的学习目标是什么呢？有些同学没有目标，不知道该干什么，于是被动地上课、学习，倍感空虚和无聊。同时，大学的学习与中学的学习相比，在课程的安排、教师的授课方式与课外辅导等方面都有明显不同。有些同学沿用中学的学习方式来应对大学学习，倍感吃力和紧张。因此，大学新生要有明确的学习目的和正确的学习动机，以提高学习兴趣，掌握科学的学习规律和学习方法，不断提高自学能力。

3. 学会自我管理

大学生的自我管理重点在于养成有规律的、科学的生活作息和学习习惯。一个人对周边环境的适应来自合理的生活习惯，只有保证生活的节奏足够平稳且符合自然规律，才能及时适应现实生活环境的变化，并使精神状态保持稳定和健康。

大学生需要通过科学安排时间来养成良好的作息习惯。高校生活具有显著的自主性，大学生往往需要自己规划用于学习、社交、社会实践等日常活动的时间。在这一前提下，对时间的细化安排对大学生而言是必不可少的。大学生应树立有序的时间观念，合理安排自身的学习与日常生活，在日常生活中自觉摒弃和远离不科学、不健康的作息习惯，对自身的日常安排进行科学的规划。

在对时间进行管理时，大学生可以根据事情的急迫性和重要性将其分为四大类，即重要且急迫的事情、重要但不急迫的事情、不重要但急迫的事情、不重要也不急迫的事情。大学生应该花费较多时间去完成重要且急迫的事情，而不应该把时间浪费在既不重要也不急迫的事情上。有的大学生把大量时间花在急迫但不重要的事情上，误以为越急就越重要，结果不但没完成重要的事情，还使整个计划的实施受到了影响。因此，大学生要懂得舍弃一些无关紧要的事情，把更多的时间和精力用在重要且急迫的事情上。

在时间管理和具体的学习、生活计划执行中遇到的诸多实际困难，都需要学生以积极的态度加以应对并解决。畏难情绪是大学生常见的心理状态，他们往往在面对较为困难的任务时想要退缩，但在实际的工作开展中又感觉任务不像想象中那样艰巨，并在任务完成后获得克服困难的喜悦，从而在这一过程中树立更强的自信心。但是，若自始至终不敢挑战困难，就永远无法真正克服它，也不可能正确地认识自己。因此，大学生要以积极的态度来面对陌生的环境，用实际行动来熟悉并融入新的环境。

4. 合理地制订目标

一个人只有确立自己的理想和目标，并为实现该理想和目标而不懈努力，他的生活才会更加充实和有意义。因此，大学生在学习和生活中要根据社会发展的要求和自我成长的需要，为自己制订一个长期目标，并为实现这一长期目标而制订相应的短期计划。制订目标时，要依据自己的能力、人格特点及客观现实，既不能盲目追随他人，也不能主观臆断。

此外，大学生也不能忽略了自身潜在的能力。心理学家认为大部分人只发挥了其所有能力的 5%~10%。人们应该尝试一些困难的工作，使自己的潜能得到充分的发挥，进而实现自己的理想和目标。

5. 寻求心理咨询

环境变化会引起心理变化，从主观意识方面加强大学生的心理建设，对调节环境适应能力具有良好的导向作用。心理建设源自心理辅导。大学生要学会进行自我心理疏导，从书中寻找心理疏导方法，调节个人主观意识，形成积极的心理情绪，达到分散注意力的目的。此外，大学生要主动寻求心理医生的帮助，通过心理咨询保持心理平衡，不受外界因素干扰，在与医生谈话中化解内心的矛盾，改善心理危机状况。

二、学会自我放松与自我暗示

（一）学会自我放松

加强心理建设要从缓解紧张心理入手。心理过度紧张是内心不安的表现，会影响个人外在的行为表现。如果表现未达到心理预期，就容易催生负面情绪，给身体健康带来一定困扰。身体健康程度降低，人对疾病的抗侵袭能力就会下降，这会给身体多个器官造成不良影响，从而扰乱个人正常的生活、工作。大学生克服过度紧张心理要学会进行心理建设，可以多观察社会积极向上的一面，多思考有益于身心健康的问题。

1. 放松疗法的原理

调控心理活动离不开意识的驱动，个人需树立正确的、积极的主观意识，维持心理活动的平衡。心理变化会使人体产生相应的多巴胺，最终影响情绪变化。身体感应是由身体器官发出的信号指令，不受意识驱动的影响；而身体肌肉受神经系统控制，故人体意识会对身体肌肉发出相应的调节指令。也就是说，可以通过意识调节身体肌肉神经系统，进而改变人的情绪，以此减少过度紧张带来的消极情绪。基于这一原理，大学生需要保持积极的、正确的主观意识，通过意识调节神经系统，进而使大脑发出积极的信号指令，产生放松的心理意识。

2. 放松的方法

放松疗法常被用于调节紧张心理，大学生可广泛借鉴、学习有效的放松方法。

（1）大笑

在医学界，开怀大笑被认为是克服紧张心理的有益尝试。人发出笑声时，其心肺器官和脊背器官会变得活跃，神经系统会发出放松的信号指令，身体肌肉处于松弛状态，由紧张引起的心跳加速会缓慢恢复正常。

（2）深呼吸

呼吸是缓解焦虑的有效方法。当人内心不安时，心率就会高于正常值，呼吸会变得短促。此时，就需要慢慢地深吸一口气，以此扩充胃和胸腔的空间，待吸气完成后，再通过鼻子缓慢呼出，心里默念"保持冷静"，以此加强心理调节作用。大学生可以采用心理暗示与深呼吸结合的方法，克服焦虑或紧张情绪。

（3）六秒钟健康法

美国人凯斯·门罗认为，只需六秒钟就能使人缓解负面情绪，虽然时间短暂，但是训练方式适用于每个人。这种方法要求人们积极利用短暂的空闲时间，清空大脑的一切想法，身体腹部向内收紧，下巴尽量下贴，左右轻幅转动身体，保持哈欠状态；然后将上述动作串联成整体，重复练习，使肌肉保持放松，改善心理状态。这一方法得到了许多人的认可，大学生也可在紧张时运用此方法。

（4）腹式呼吸

利用胸部呼气、吸气会降低吸入的空气质量，腹式呼吸恰恰相反。现代医学研究结果指出，腹式呼吸在使腹部肌肉状态发生变化时，也会使局部的肌肉毛细血管状态发生变化，促使血液流动的速度加快，人体供氧能力得到提升。腹式呼吸带来的腹部肌肉状态变化，会为胃等器官带来有益影响，使胃部与腹部连接畅通，促进消化。此外，腹部肌肉是排便的动力肌，人体反复做节奏性腹部呼吸，能够防止习惯性便秘，保持胃循环畅通。

要想掌握腹部呼吸训练方法，就要使身体保持放松的状态，借助鼻子等器官有节奏地匀速呼吸。此时身体腹腔由于吸气会渐渐外鼓，要注意控制腹腔的吸气点，腹腔吸气达到顶峰后，按照同样的方法使胸部吸满气。随后就是呼气的过程，呼气不要过快，和吸气保持同样的频率，要缓慢自然。待吸入的气体全部呼出后，要稍微停留，给吸气器官稍做准备的时间。可以想象闻花香的画面，据此来做腹部和胸部的呼吸训练，使腹部肌肉更为放松，将焦虑或紧张的情绪全部释放出去，将自信的想法吸入脑海中，通过胸腹呼吸训练来保持身体的放松感和愉悦感。

（5）想象放松法

想象放松法即重复说一些自己编排的指令（如"我双臂发热"），同时你便感觉到由该指令所描述的效果在身体上出现。想象放松法非常简便，包括以下六点。

①要将身体姿势调整至最佳状态，不要用手支撑身体。

②尽量穿戴宽松的衣服或鞋子、饰品。

③避开吵闹喧嚣的环境。

④集中注意力，为感觉身体器官指令做准备。

⑤身体保持放松时，要注意调节呼吸频率，保持呼吸平衡。

⑥完成身体想象放松动作后，要注意将身体状态调至最佳，并给予大脑积极的想法。

（6）意守丹田法

我国古代人在做身体调养时，常讲究"气沉丹田"。也就是说，要想保持身体最佳状态，就要消除躁动的心理，放空大脑，双眼稍做贴合状态，注意控制腹部脐下约3厘米（即古人常说的"丹田"）的气息，用腹部缓慢吸入空气。此时要调整体内空气的流动顺序，想象空气由腹部脐下逐渐上升至胸部，最终直达头顶中部与双耳尖交叉的位置（即"百会穴"）。向外呼气时，气体流动顺序与吸气时正好相反，即从百会穴流出，经过脖子和脊背后，到达骨盆下方位置（即"会阴"），然后重新回到丹田。一来一回地呼气与吸气，有节奏地反复训练，会使身体达到放松的状态，前提是个人必须将注意力集中起来，同时排除脑部杂念，保持气定神闲。大学生可以在宿舍等场所，按照此方法进行放松训练，但是在训练前一定要放松肌肉、排除杂念、集中精神。

（二）学会自我暗示

赋予心理积极的想象，加上重复的语言刺激，会使个人心理活动发生明显的变化，带来情绪状态的转变。通常，重复的语言刺激就是人们所说的心理暗示，包括自我暗示和他人暗示。

1. 暗示的种类

（1）自我暗示

顾名思义，就是自己赋予自己某种积极的提示性想法，以此改变情绪和行为状态。举例分析，当个人遇到焦急的事情时，一定要反复劝诫自己保持冷静；当个人遇到困惑疑问时，一定要反复劝说自己保持开朗乐观。由自身心理行为产生的重复的语言刺激是自我暗示的主要特征。该特征是意识活动在脑海中的想象再现，故具有积极的引导作用。

（2）他人暗示

他人话语会对个人心理产生影响。当个人处于不安、紧张状态时，他人的劝诫会赋予个人内心积极的力量，个人则会依据他人处理事情的能力来选择接受的程度。他人暗示的效果取决于个人对他人形象的认知，也就是说，他人在个人心中的地位越高，其话语可信度就越高，其话语影响力就越大。曾经有学者举出类似的例子：当威望较高的教授出现在人们眼前时，他的一举一动都会被人关注。当教授拿出装有刺鼻性气体的瓶子时，在场的人都会对此深信不疑；在教授打开瓶子的一瞬间，教授会做出用手帕捂住口鼻的动作，其他人见状也会做出相同动作，即使他们并没有闻到气味。但是，教授拿出的装有气体的瓶子，根本就没有散发出刺鼻的味道，只是由于教授的威望较高，就使在场的人深信不疑。这表明他人暗示对个体心理行为的影响较大。

2. 自我暗示须遵守的原则

（1）始终用现在时态而不是将来时态

在遇到重要场面时，个人常会重复激励自己的话，如"你是……"或"你要……"也就是说，个人经常以第三人称的口吻，加上现在时态的表达方法来重复某句话，以刺激行为反应。

（2）要用最积极的方式进行

自我暗示一定是带有明确目的性的言辞，通过反复肯定某句话来增强自信心。例如，在强调静心读书时，个人心里会说"我一定要按照计划读完这本书"，以激发内心读书的欲望和动力。

（3）语句越简短就越有效

铿锵有力的话语表达源自内心对目标的渴望。个人内心建立的情感话语激励机制，会经大脑思考片刻后形成简短的言语。重复说出简短铿锵的言语，能够增强信心。

（4）始终选择那些自己感到完全合适的肯定

自我暗示建立在排除杂念基础上，个人需清空外界的干扰声音，使心灵得到放松，认真思索片刻后，选择合适的激励自己的话语。也就是说，要积极顺应心理活动，树立信心。

（5）肯定进行时，始终要记住我们在创造新的事物

排除杂念并不意味着取缔多余想法，只有存在多余想法才能生成新的想法，没有想法会使内心变得更加迷茫。对于多余想法，应该选择融合，将多余想法中的有效部分提取出来，与确切的想法结合，从而生成新的意念。

（6）肯定并不意味着要抵触或努力改变自己的感受或情绪

在进行自我暗示前，内心应该明确哪些想法是有用的、哪些是没有帮助的，通过逐一了解所有想法，寻找适合暗示的想法。要从接纳的角度出发，找出所有想法的共性与个性，赋予积极的自我暗示。

（7）自我暗示应该相信结果的确定性

要坚定对行为做法的信心，这样才会使内心形成目标与结果更为接近的想法。

3. 自我暗示的方法

心理自我暗示和言语自我暗示是主流的自我暗示方法。心理合理想象和言语自我激励能够赋予个人新的意识，个人在空余时间进行练习即可。脑海中建立的目标概念是催生心理活动的源泉，个人脑海中固有的想法目标越坚定，朝着想法目标前进的心理活动欲望就越强烈。

美国学校常会开展自我暗示游戏活动，最常见的便是一分钟暗示疗法。学校要求学生利用睡前一分钟时间进行积极自我暗示思考，通过自行设计暗示语来激发自信心。常见的暗示语有两类。一是具有明确目的的、肯定语气强烈的话语，如"相信自己，不断超越""坚定目标，勇往直前""不管风吹雨打，咬定青

山不放松"等。这些暗示语不是口头说说而已，而是要积极践行，通过反复强化形成坚定的意识。暗示语还要求必须从"我"的角度出发，通过重复性语言训练来增强信心。从句式特点来看，暗示语态度明确，语气具有强烈的主观性，必须以肯定的口吻结束。例如，"我必须好好复习，这样肯定能把排名提前"。

二是表现某件事成功的句子。如果说第一类暗示语是坚定个人信心，那么第二类暗示语就是为走向成功提供依据。例如，"最近我又完成了……方面的任务，我近期的任务就是在……考试中进入班级或年级前……名的位置，我肯定能实现！我肯定能实现！"这类暗示语就是为保持目标的坚定性，通过明确目标的前进方向，采用激励性和肯定性的话语，使目标达成的可行性更强。有研究表明，此类暗示语能够使学生减轻心理负担，更加明确奋斗方向。

三、培养健康的自我意识

（一）自我意识的内涵

苏格拉底说的"认识你自己"，就是倡导人们形成独立人格，具备健全的个人意识。苏格拉底的这句话使人的思想和意识发生了转变，人们开始由神明走向人类本体，关注"人"在世界中的概念。文艺复兴运动是人类意识发展的"助推器"，文艺复兴时期的杰出思想家呼吁人性的解放，抨击宗教对人性的束缚，主张宗教不应成为阻碍人性发展的"权杖"。人文主义者呼吁人们重视人性中的自我意识，最具代表性的就是法国哲学家笛卡儿。笛卡儿提出，意识的觉醒源自内心的思考，要主动去发现本体意识，去重视个性发展。

个人能够清晰地认识个体身心发展特点，并且能判断个体与周围群体的关系，这就是人格结构的核心组成部分，即自我意识。自我意识涵盖个体对生理及心理的多重认知，是情感、意识和观念的集合体，能够能动地影响人的行为表现，指导个体为实现目标而奋斗。

（二）自我意识的结构

1. 从形式上看

自我意识是观念、意识与情感的集合体。观念，即个体对他人或事物产生的认知判断；意识，即个体融入某一过程所形成的体验感觉；情感，即个体对体验感觉作出的心理调节。

自我意识是个体认识输入与产出的表现，个体会提前观察某一现象，并融入现象发展的过程。由此形成的体验感觉会被个体带入分析环节，个体会从分析中找出不足之处，形成自我批评。此外，个体还会形成对情绪认知的体验，用意志来控制行为。

（1）自我认识

自我认识是个体形成主体判断的前提，即个体必须明确自己在事件中扮演的角色、发挥的作用，由此来完成心理调节和行为控制。个体对事件形成的经验性判断就是自我感觉和自我观察，在融入事件中后，个体会对事件因素形成分析和评价，最终完成自我认识。

（2）自我体验

个体参与事件会形成认知判断，包括对事件参与的满足感与愉悦感等，这些都是自我意识的情感成分。在参与事件过程中，个体会重视自己的作用，并强调赢得他人的认可和尊重，这就是自我体验的具体内容。自尊意识是自我体验的主体成分之一，自尊意识建立在他人对个人的认可与支持基础上，而自信心则是对个体行为参与的满足感。自尊意识、自信心与自我评价是紧密联系在一起的。

（3）自我调控

个体参与事件会不断调节身心活动，这就是自我调控的内涵。自我调控是自我意识的意志成分。自我调控主要表现为个人对自己的行为、活动和态度的调控，包括自我检查、自我监督、自我控制等。自我检查是主体在头脑中将自己的活动结果与活动目的加以比较、对照的过程。自我监督是一个人以其良心或内在的行为准则对自己的言行实行监督的过程。自我控制是主体对自身心理与行为的主动掌握。自我调控是自我意识中直接作用于个体行为的环节，它是一个人自我教育、自我发展的重要机制，自我调节的实现是自我意识的能动性的表现。自我意识的调节作用表现为启动或制止行为、心理活动的转移、心理过程的加速或减速、积极性的增强或减弱、动机的协调、根据所拟订的计划监督检查行动、动作的协调一致等。

2. 从内容上看

（1）生理自我

生理自我主要是指对自己的身体、体能、外貌等方面的意识，是对自身生理属性的认识和意识，比如体重、身高、长相、支配感、占有感、爱护感等。

（2）心理自我

心理自我是指自我对自身的心理状态、人格特性、心理过程等方面的意识，其侧重于对自身心理属性的认识和意识。

（3）社会自我

社会自我主要是指自我对自身在社会关系中的角色、权力、地位、人际距离等方面的认识和意识，是一种社会属性的认识和意识。

3. 从自我观念上看

（1）现实自我

现实自我是个体从自己的立场出发对现实自我的看法，即个体对现实的自我进行观察、分析、思考和评价后的认识。

（2）投射自我

投射自我是个体自我想象中的他人对自己的看法和意见，也称为他人自我。比如想象一下自身在别人心目中会是什么样的形象、别人如何评价自己以及由此产生的自我感觉。显而易见，他人自我和现实自我是不一样的，是有一定差距的。当这个距离不断增大时，个人就会产生一种不被他人理解的感觉。

（3）理想自我

理想自我是个体站在自身立场上对未来自我的期盼与希望，即对理想中的自我的憧憬和认识。理想自我是个人希望通过努力可以达到的完美形象和所追求的目标，所涉及的根本问题是"我想成为一个什么样的人""我应该是怎样的一个人"。理想自我与现实自我可能是不一样的。理想并非现实，但是理想自我可以成为个体行为的动力，深刻影响着个体的情绪、认识甚至行为实践。

（三）大学生自我意识的发展规律

从整体上说，大学生的自我意识发展水平是较高的，经历了青年早期的急剧发展变化而进入相对稳定的阶段。大学生自我意识的形成和发展有一个由激烈到平稳、由强到弱、由典型到不典型的过程，并非一蹴而就的，要经历"自我分化—矛盾—统一""再分化—矛盾—统一"的曲折过程。只有经历这样的过程，大学生才能从不成熟、幼稚转变为成熟稳定，自我意识也是如此。

1. 自我意识的分化

青年期自我意识发展的开端是明显的自我分化。自我分化标志着自我意识走向成熟，打破了原来笼统的"我"，出现了主观的"我"（I）和客观的"我"（Me），开始意识到自己不曾注意的许多"我"的细节。"理想自我"和"现实自我"出现分化，分化促使大学生对自我进行审视，更加关注自我的内心世界与行为。同时会产生焦虑和喜悦、激动和不安的情绪，往往还会陷入自我沉思，对自我空间的要求比较高，希望被他人理解和关怀。

2. 自我意识的矛盾

自我分化会加剧"主体我"和"客体我"之间的矛盾，使二者间的斗争更激烈，使得"理想我"与"现实我"的矛盾更加突出，如理想与现实的矛盾、"主观我"与"客观我"的矛盾、上进与消沉的矛盾、交往需要和自我闭锁的矛盾、独立心理与依附心理的矛盾等。这会给个体带来精神上的痛苦和内心的不安，自我控制往往不果断，于是出现了很大的适应困难。但这是个体迈向成熟所必需的一步，是必要的、必然的。

3. 自我意识的统一

自我意识矛盾状态下的大学生会感到焦虑、不安甚至非常痛苦，因此大学生总是努力摆脱这一矛盾，试图重新统一自我意识，主要表现在统一"主观我"和"客观我"、统一"理想我"与"现实我"。当然，也体现在大学生在自我体验、自我认识、自我控制三方面的和谐统一上。

每个人的社会背景不同、生活经历不同、智力水平不同和目标追求不同，导致大学生的自我意识分化不同、矛盾不同和统一的方式不同，这也导致了最终不同的统一结果和类型。简言之，主要有以下几种结果或类型。

（1）积极的统一：自我肯定

积极的统一的主要特点是对"现实我"有清晰的、准确的、全面的、深刻的认识，占优势的是正确的"理想我"，并且要积极地、正确地、现实地确立"理想我"，使其既符合社会要求又符合自身实际情况，可以在努力之后达到。在实现"理想我"的过程中，大学生要善于总结经验教训，进行积极调节。统一后的自我完整而有力，既有助于自身成长，又适应社会发展的需要。大学生绝大多数属于这种类型。

（2）消极的统一：自我否定与自我扩张

消极的统一的共同特点：一是不正确的自我评价；二是不健全的理想自我；三是缺乏实现理想自我的手段；四是形成的自我是不完整的、虚弱的，是不健康的统一体。自我否定和自我扩张只占大学生群体的极少数。

自我否定的大学生对"现实我"有着较低的评价，其"理想我"与"现实我"有着巨大的差距。这些大学生在心理层面往往处于消极防御状态，缺乏自信与自控能力，无法肯定自身价值，拒绝自己并且与自己为敌。在这样的情况下，他们实现"理想我"不是通过主动改变"现实我"，而是在一定程度上放弃了"理想我"，达到与"现实我"的趋同和自我意识的统一，但其结果往往是使自己更加自卑。

自我扩张的大学生往往过高估计了"现实我"，占优势的是虚假的"理想我"，并且虚假的"理想我"与"现实我"得到了统一。自我扩张的大学生常常用幻想的我和理想的我来替代现实的、真实的我，主要表现为自吹自擂、爱做白日梦、在虚幻中度日。在不自量力的情况下，个人所追求的学业、事业、友谊和爱情都是自己的主观条件比客观事实差，因而失败的概率比较高。这类人容易产生心理变态行为，严重者可能做出反社会行为，用违法犯罪的手段来谋求自我意识的统一。

（3）难以统一：自我矛盾与自我萎缩

由于没有办法协调"理想我"和"现实我"，统一自我意识非常困难。其发展的结果有两种：自我矛盾型和自我萎缩型。这两种类型的人在大学生中只占极少数。

自我矛盾型大学生对自己的所作所为缺乏"我是我"的综合感觉，会有一种分离倾向——主要是对"我非我""我不知我"的分离倾向，主要的特点有四个：一是内心矛盾的强度很大；二是持续的时间很长；三是对于自我认识、自我控制、自我体验没有稳定性和确定性；四是很难产生积极的自我，很长时间不能确立新的自我，无法统一自我意识。

自我萎缩型大学生极度缺乏理想自我，但是不满足于"现实我"。他们有着严重的自卑心理，从而产生了自我排斥、自我拒绝的心理，从对自己的不满到自我鄙视、自我怨恨、自我憎恨、自我抛弃，甚至发展到更加严重的程度。

总而言之，大学生的自我意识从分化到统一的过程不是绝对的，也是不一样的。具体而言，每一个大学生的身心发展水平和社会经历不同，其自我分化的早晚和特点也不同，矛盾斗争的程度和倾向也不同，所以统一的早晚和统一的方式也不同。另外，自我意识的发展一直都存在，是终身的，这并不意味着青年阶段自我意识分化、矛盾、统一后代表着其不再发展，而是在青年之后，它的发展不再像青年阶段那样尖锐和突出，变得更加稳定。因此，人的自我意识的发展总是遵循"分化—统一——再分化—再统一"的规律。

（四）大学生自我意识的缺陷

1. 自我认识的偏差

（1）高估自我

在现实生活中，很多大学生常常认为自己是有价值的、讨人喜欢的、高人一等的人，并且总是放大别人的缺点，这就是所谓"看自己，一朵花；看别人，豆腐渣"。本着这种"我好，他不好"的心态所建立的人际交往模式，必然会导致人际关系紧张。高估自我的典型表现如下。

① 以自我为中心。以自我为中心的大学生思考问题和做事都是从"我"出发，具有很强的主观性，无法客观地看待自己并进行思考，因此，他们专横、霸道，不接受别人的批评。这会给其他人留下不良印象，使他人对其没有好感，造成人际关系的不和谐。

② 过分追求完美。人的本能之一是追求完美，但过分追求完美容易导致自我适应障碍。追求完美的大学生对自己要求很高，期望自己可以事事做到完美，却忽视了实际情况。他们甚至将普遍性问题看成自己"不完美"的表现，容易出现情绪障碍以及自信心低下、自卑等心理障碍。

③ 自我扩张。自我扩张型的大学生往往在大学生活开始的时候在某些方面获得过成功，这些成功反过来强化了自我，形成了自我扩张。这些大学生的特点是容易冲动，情绪激动时难以自持，往往偶有一"得"就充满"天将降大任于斯人也"的自满感，容易产生自大、看不起别人的心理偏差。

（2）低估自我

大学生自我评价过低与高估自我正好相反。低估自我的大学生看不到自己的价值或忽视自己的价值，对自己缺乏信心，认为自己什么都不如别人。大学生的自我评价过低会导致其怀疑自己的能力，限制了对未来学业、事业以及美好事物的希望和憧憬，严重的甚至会挫伤情感，导致内心产生冲突。自我低估的典型表现具体如下。

① 自我否定。大学生自我否定的极端心理是青年初期的基本心理特征。这一年龄段的学生还未形成关于自己的稳固的形象，看问题往往比较片面和依赖外部评价。他们对周围人给予的评价非常敏感，一旦遭遇失败和挫折，就会灰心丧气、怯懦自卑。

② 过分从众。在群体生活中，个体往往会在群体的压力下放弃自己在感知、选择、判断、信仰和行为上的想法和主张，与群体中的大多数人保持一致。这就是我们所说的"随大流"。大学校园中普遍存在的从众现象包括学习从众、爱情从众、消费从众、作弊欺骗从众等。每个人都存在从众心理，但过于强烈的从众心态会阻碍心理的健康发展。

主观自我和客观自我的矛盾对任何人来说都是不可避免的。从古至今，不知道有多少人因为得不到同时代人的公正评价而悔恨终身。这种矛盾对大学生来说更加突出。大学生由于受个人的出身、教育程度、经历和个人的社会地位的影响，很难客观、全面地审视和评价自己，而他人则可以从不同的情境、不同的角度来审视和评价大学生。因此，大学生主观自我与客观自我之间的矛盾是不可避免的。

2. 自我体验的偏差

自我体验即个体对自己是否满意，如果满意就意味着对自我的肯定和充分的自信，不满意则意味着对自我的否定和垂头丧气。人类的自我意识的实现通过自省和他人的反馈，因此，存在着两对相互影响、相互交织的矛盾：一是主观自我与客观自我的矛盾，主要来自"自省"与"人言"的不同；二是现实自我与理想自我之间的矛盾。现实自我是真正的"我"，是经过自己和他人的评价后的"我"；理想自我是在经过自己和他人的评价和要求之后，个体最向往的、虚拟的"我"。从人本主义的角度出发，这种矛盾从根本上说源于人的自我成长和发展的要求。从社会学习理论来说，这种矛盾产生于人们之间的相互比较。这种比较可以是现实生活中的"你""我""他"之间的比较，也可以是文学作品和历史中的"他"（"她"）与现实中的"我"之间的对比。通过比较就会有一个学习的榜样，这个榜样可以跨时空、跨文化。自我体验的偏差主要包括以下两方面。

第一，孤独感。孤独感的出现主要是由于主观自我与客观自我不一致，缺乏与他人的思想认识和情感共鸣而产生的状态，是一种消极的自我体验。一方面，由于年龄不断增长，大学生与同龄人、长辈之间的交流渐渐减少；另一方面，由于个性的分化和形成、思想的深化，大学生更渴望与知心朋友进行深层次的交谈，产生更强烈的情感共鸣。当这样的要求得不到满足时，他们往往会感到孤独。

第二，自卑和自负。这两种自我体验偏差都属于自信误区。一般而言，现实自我和理想自我是不一致的，两者之间有一定的差距。如何看待二者之间的距离，直接影响自我体验。当人们对缩短两者之间的距离充满自信时，就会有很好的自我体验；但如果过于自信，就会自我感觉太好，甚至会出现傲慢、狂妄、自大、任性的行为。相反，当一些大学生把现实自我和理想自我进行比较时，他们体验到了一种距离感，认为自己无法缩短距离，感到失望并逃避，这就是自卑产生的原因。自卑和自负会对大学生的心理发展和人格成熟产生重要影响，是一种不容忽视的自我意识缺陷。

3. 自我控制的偏差

自我控制是个人对自己的控制，即常说的"自制力"，主要指自我控制的能力和水平。情绪、行为等都可以表现出自制力的强弱。自制力强的人往往会对自己的情绪进行克制，做事有目的、有计划，有着明确的自我发展方向；自制力弱的人往往会不分场合地发泄情绪，他们的表情是"晴雨表"，他们的行为具有"情境性"。积极的自我控制的主要特点是自制、自律和自觉，而消极的自我控制的特点是自暴自弃、懒惰和叛逆。自我控制的偏差表现在以下两个方面。

第一，自我放弃。大学期间，个人可以自觉地、主动地进行自我控制，但在追求进步的同时难免会遇到困难和挫折。这使得很多大学生有很大的情绪波动，害怕面对困难，从而放弃自我。一些大学生认为，寒窗苦读十余载，上了大学终于可以放松了，不愿意埋头苦读，把"60分万岁"作为自己的信条，对很多课程不及格和重修不以为意。

第二，逆反心理。逆反心理是大学生自我意识发展中的非理性产物。个体在生理基本成熟、心理迅速走向成熟而又未真正达到成熟的时候，渴望在思想上、行动上乃至经济上尽快独立，从而具有很强的独立意识和批判精神。大学生正处在这样的时期，他们的智力发展虽已达到成熟，但阅历有限、感性经验不足，情绪表现富有两极性，易于感情用事，以至于易形成偏见。当这种偏见与现实生活碰撞时，大学生很容易做出偏激的行为。存在这种心理的大学生往往对师长的教育或周围的正常事物持消极、冷漠、反感甚至抗拒的态度，往往表现为越是禁止的东西越要尝试，越是不让做的事越要做。这部分人在网络社会中喜欢搜寻具有刺激性的信息，言行容易失控甚至可能走上犯罪道路。

（五）大学生健康自我意识的培养策略

心理健康的重要标准之一就是具备健康的自我意识。健康的自我意识是自身存在的一种机制，对人的发展起着重要作用。正确的自我意识对我们的心理健康有益，有助于合理规范自己的行为，履行自己的义务和责任，获得全面发展。

自我意识的健康标准：第一，具有健康自我意识的人有自知之明，了解自己的优势和劣势，并能对自己作出正确评价；第二，具有健康自我意识的人能够协调好自我体验、自我认知和自我控制；第三，具有健康自我意识的人能够积极肯定自己，保持独立自主，与外界保持一致；第四，具有健康自我意识的人具有和谐统一的理想自我和现实自我，具有积极的目标意识和自省意识。健康自我意识的具体培养方法如下。

1. 正确认识与评价自我

认识自己是人类自古以来永恒的话题。形成健康自我意识的基础是正确认识和评价自己。一个人如果对自己有比较全面的、客观的认识和评价，就能扬长避短，不断发展自我和完善自我。

2. 积极地悦纳自我

培养和形成正确的自我意识的核心和关键是悦纳自我，一个人只有先接受自己，才能被别人接受。悦纳自我，就是认清和肯定自己的真面目，对自己的优势和劣势进行冷静、全面的分析，保持乐观向上，用积极的、发展的眼光看待自己。在自我悦纳的基础上培养自信、自强、自立和独立的心理素质，从而获得更好的发展。大学生形成积极接纳自己的心态，具体可从以下几个方面入手。

（1）从现在开始，无条件地、完全地接受自己

首先，以一种诚实的态度，列举出至少十个自身的优点或喜欢自己的地方；其次，以诚实的心态列出不喜欢自己的地方，标记出可以改变的地方，试着去接受自己不喜欢但又无法改变的缺点，并努力改正所有能改的缺点；最后，要相信自己是一个有价值的人。

（2）不要过分追求完美，也不要对自己要求太高

过分追求完美和苛求自己，会使人意志消沉、心情压抑，会导致行为退缩，不敢展示自我，最后伤害自尊心，导致内在的自我排斥。古人云：金无足赤，人无完人。人要敢于承认自己的不完美，接受自己所有的优点和缺点，接受真实的自己，以积极的心态最大限度地将自己的潜能转化为优势。

（3）形成和巩固良好的自我意识和自我感觉

找出自己最近（一年之内）做过的比较成功的事情，用心体会当时成功的、喜悦的心情，庆祝胜利；对自己各方面的发展及时了解和把握，肯定自己的能力；记录他人对自己的正面评价和态度，以此来增强自信心；要把注意力集中在自己的优点和成功上，而不是放在自己的缺点和失败上，这有助于形成和巩固良好的自我意识和自我感觉，接纳自己。

（4）从错误和失败中学习，永不言弃

一个人从不犯错、做什么事都成功是不可能的，可怕的不是错误和失败，而是自己被错误和失败打败了。要冷静、理性地看待和处理自己的错误和失败，从中吸取经验教训，不要因为个别的错误和失败而全盘否定自己，要永不言弃，始终对自己充满信心。

3．有效地控制自我

自我控制是一个心理过程，即一个人积极地、有目的地改变自身的心理特征和行为。良好的自我控制力是培养良好自尊和自我发展的关键。一个缺乏自制力的人是情绪化的，是缺乏抗压能力的，是生产力低下的。没有意志力，就不可能有效地监督和控制自我。只有拥有健康意志的人才能有效地控制自己，从而达到个人理想的状态和境界。因此，每个人都应该从培养健康的意志开始，提高自身对失败的容忍度和自我控制能力，将理想自我与现实自我联系起来，以实现自我价值。

大学生要想有效地控制自我，应该做到以下几点。

（1）自觉进行自我监督

自我监督，一方面是根据理想自我的要求，考察现实自我的状况和理想自我的差距；另一方面要自我反省，在自我的潜意识中投射进现实世界中的自我，目的是做出对自己有利的决策和指示。曾子曾说"吾日三省吾身"，这就是一种自我监督活动。没有自我监督和反省，人就无法实现自我完善。

（2）树立合乎自身实际的目标

设定一个与自身实际情况相适应的目标，创造一个合理的理想自我。在充分了解自我的基础上，要求实现的目标与自身的实际需要、实际能力相对应，而不是对自己要求过高，服从于他人的要求。重要的是，学生要清楚地知道自己的期望是什么，以及这些期望是基于自己的能力和需要还是基于其他人的期望。只有明确了这一点，一个人才能对自己的未来有所了解，规划自己的发展方向，并最终确立一个合乎自身实际的目标。

面对现实，确定符合自己实际的奋斗目标，把远大的理想分解成一个个子目标，由近及远，由低到高，一步一步慢慢地实现。实现的关键是每个小目标都符合发展的路径，最终可以达成未来的目标，否则在完成的过程中就会产生一定的心理压力。

（3）培养坚强的意志

坚强的意志是自制力的支柱，具有坚强意志的人可以为实现最终目标自觉地控制自我，不急功近利，不为外界所诱惑。而意志力薄弱的人就好像失灵的闸门，无法对自己的言行进行调节和控制。

列宁是一个自制力极强的人，他在自学大学课程时为自己制定了严格的时间表：每天早饭后自学各门功课，午饭后学习马克思主义理论，晚饭后适当休息一下再读书。他过去喜欢滑冰，但考虑到滑冰比较疲劳，使人想睡觉影响学习，就果断地不滑了；他本来喜欢下棋，一下起来就入了迷，后来感觉太浪费时间，毅然戒了下棋。尽管滑冰、下棋都只是个人爱好，但是要戒除这种爱好，没有毅力是办不到的。就像很多人都知道吸烟有害健康，但是一次次戒烟都以失败告终。所以，如果没有坚强的意志，连一些很小的事情都做不好，更别说做大事了。

（4）用理智战胜感情

对事物的认识越正确、越深刻，自制力就越强。古希腊数学家毕达哥拉斯说："愤怒以愚蠢开始，以后悔告终。"所以对自己的言行失去控制，最根本的原因就是对自己粗暴作风的危害性缺乏深刻的认识，因而对自己的感情和言行失去了控制，造成不良影响和后果。

4. 不断地超越自我

健全自我的过程也是一个塑造自我、超越自我的过程。对大学生而言，超越自我是终身努力的目标。在行动上，无论做事情还是与人相处，都应该竭尽全力，并且将能动性发挥到极致。

自我完善和超越并不是一蹴而就的，需要付出艰苦的努力和高昂的代价。这也是一个全新自我的形成过程，从昨天的自我到今天的自我再到明天的自我。对现在的自己进行客观的评价，争取实现更好、更完善的自己，成为独立、独特、最好的自己。

在注重自身的前提下不要故步自封，而要根据社会发展的要求不断对自身进行完善，注重自己的发展。但不能局限于追求个人自我价值的实现，而要把自我价值实现的过程与为祖国现代化建设做贡献的过程统一起来，在为他人和社会的服务中实现真正的自我价值。

超越是一个过程，更是一种境界。只有坚持正确的方向，本着科学的态度投身于火热的社会实践中，辩证地看待社会、分析自我、把握自我，才有可能最终超越自我。

第三节　学校层面的预防措施

一、加强大学生心理健康教育与心理辅导

（一）加强大学生心理健康教育

1. 当前心理健康教育课程教学存在的问题

受历史与文化的影响，心理健康教育一直没有得到高校应有的关注。很长一段时间，不少人片面地认为心理健康教育等于心理咨询，所以一直把这门课程当作选修课程。近年来，高校开始将这门课程当作必修课程，而且开设心理健康教

育课的高校逐渐增多。为保证教育目标的达成，教育部门以及教师积极调整与优化教学模式，并获得了很多优秀成果，但是因为缺少前期阶段的经验与方法积累，在实际课程教学中仍旧运用传统的灌输式教学方法，以教师为课堂教学的中心，很少涉及课程互动及教学体验的内容，降低了学生的课堂参与度，也让学生对课程内容的感知处在较浅层次，无法获得良好的教育教学效果。

（1）教学形式陈旧落后

当前的高校心理健康教学存在明显的理论化及学科化特点。不少教师只是照本宣科地完成课程教学，把与心理健康相关的知识教授给学生，而不是教授给学生与心理调整、疏导相关的技能。因为课程性质与教育目标存在理解方面的差异，不少教师会把心理健康教育课程当作普通心理学课程。

（2）在教学设计中将教师讲授作为主要的课堂实施形式

实际教学中并未确立学生的课堂中心地位，只是依照教师的课程理解完成整个教学设计，没有考虑学生的知识、技能掌握水平，更未涉及对学科规律的把握。教师在自行设计教学活动时没有真正了解学生的现状与心理特征。所以从整体上看，大学生在实际教学中的地位较低，教师没有确立以学生为中心的教学模式。

（3）课堂上师生沟通的频率非常低

在许多课堂上，教师以讲授法为中心，即教师站在讲台上不停地向学生输出内容，而学生只是被动地接受，没有很好地参与进去。如果教师和学生之间沟通和交流的频率过低，教师在教学过程中缺乏对学生学习情况的跟踪，就很难提高学生的学习积极性。部分学生甚至在上课时间做别的事情，这样，心理健康教育课程就变成了教师的"独角戏"和学生的"游戏场"。

（4）情感价值比较低

教师在课堂上不承认学生的主体地位，不能让学生吸收感兴趣的内容，所以学生的学习积极性无法被激发，学生没有积极参与课程的意识，有些学生甚至认为心理学是无用的，由此产生了消极的看法。在这样的课堂上，学生学到了理论知识，无法在实践中运用知识，其结果是学习质量无法提高。

2. 大学生心理健康课程教学思考

为切实发挥心理健康教育课程的积极作用、保证教学效果，教师需要了解课程性质，对课程教学内容进行补充和拓展，创新教学策略，积极运用过程性教学评价方法。

（1）关于课程性质

对于心理健康教育课程的性质，不少教师并没有清楚、准确的认识。如今的高校心理健康教育课程在构成方面复杂度高，有心理学专业课程，也有针对心理健康与发展的课程。不同类型的课程在提升学生心理素质水平方面发挥的作用是不一样的。因为教学覆盖面与内容的侧重点不相同，心理学专业课与选修课无法直接作用于学生全体，在这样的情况下设立心理健康教育必修课，可以有效改变"零敲碎打"的教育局面，起到全面助推心理健康教育的作用。所以有效把握这一必修课程的课程性质，并将其变为提升学生心理健康水平的坚实阵地，是一项非常关键和必要的工作。

为确保教学目标的达成，高校应该把心理健康教育专兼职教师当作课程教学的主力，也可以由心理健康教育中心负责开设课程，将课堂教学当作心理健康教育不可或缺的组成部分，以更好地发挥课堂教学的作用。假如由人文社科部门或心理学院（系）负责心理健康教育课程的教学工作，在课程管理与教学组织上会非常轻松，但与具体工作的结合难度较大，很容易将课程变成知识类课程或公共类课程。

（2）关于学习内容

开设心理健康教育必修课的目的是引导学生了解、发现和推广心理健康知识，引导学生学习心理健康调节的基本技巧。这是重要的学习目标。因此，课程的组织和其他环节也应考虑到这一点。

学习内容的组织应注重学生的心理健康，使他们能够有效地利用课本和学习材料获得最基本的知识和自救技能，做到以学生为本。

（3）关于教学方法

具有创新意义的体验式教学法是指教师根据学习内容和目标创设科学的情

境，激发学生的兴趣，激励学生利用实践经验和感知力，完成知识建构、能力培养、情感唤起、意义建构和自我完善等一系列学习、获取和内化过程。

体验式教学是区别于传统教学的一种创新策略，其最为明显的特征是确立学生的中心地位，让学生在亲身体验中收获知识、体验情感。在具体的教学实践中，教师有意识地为学生创设真实的情境，提供相关的案例，让学生从中获得更加深入的认识后，与自己已有的知识背景结合起来，在积极反思当中形成结论，促进新知识的生成，完成从感性到理性认识的转变，实现个人认知体系的完善。

心理健康教育课程教学要求学生在实际学习中结合课程内容，主动深入地进入心理世界，认识、探索、提高自我，积极尝试和深刻体验，利用个人的亲身经历更加深入地掌握心理健康方面的知识，收获心理调节的技能技巧。在主动掌握知识的进程中感知生命价值，从而收获成功与喜悦。

（4）关于考核形式

目前，心理健康教育课程考核与思政理论课程考核大致相同，虽然会对日常成绩提出要求，但是不少教师只关注学生的出勤记录，没有将日常成绩和考试成绩区分开来。成绩的考核评估把期末考试成绩作为主要标准，忽略了教学的过程性、发展性。教学考核与评价指标比较单一，将实际知识掌握程度作为主要的考核标准，根本没有办法真正测试出学生的助人与自助能力，也不能了解学生当前的心理健康水平。

合适的考核形式对课堂教学有一定的积极作用，如果不彻底改变考核和评价体系，将很难真正激发学生的自主学习兴趣。考核和评价是教学的重要组成部分，必须为教学目的服务。为了全面评估学生，教师要摒弃以期末考试为基础的旧的评估方法，注重学生在课堂上的表现、小组学习、家庭作业和其他重要内容。期末考试中问题的表述方式也需要调整，减少重复性问题，增加应用性问题，以考查学生应用知识的能力。

3. 心理健康教育课程教学应用实践体验式教学法的注意事项

体验式教学法改变了过去填鸭式的教育模式，明显增加了学生对课程的好感，也提高了学生的学习积极性与课堂参与度，使师生关系更加密切，不仅帮助学生收获了丰富的知识和技能，还加深了学生对心理健康的认识，使学生对心理健康教育有了更高的接纳度。

心理健康教育课程教学不仅要关注体验式教学法的应用，还要结合学生的心理特征与课程性质等实际情况进行多方面的实践探索，进一步优化和丰富教学方法，提升教育教学的有效性。

（1）激发学生的学习热情

体验式教学法对教师提出了更高的要求，需要教师付出更多的时间与精力。为了提升学生参与教学的主动性，教师需要进一步完善与拓展教学内容，激发学生参与课堂教学活动的热情。教师还需要多开展合作性、互助性强的学习活动，使学生成为课堂学习的主人。只有唤起学生的学习热情，才能让学生真正爱上心理健康教育课程，并在课程学习中付出更多时间与精力。

（2）教师个人需要获得成长

教师需要摒弃原有的授课方式，把握体验式教学法的应用要求，并以此来提升与完善自己。教师要努力转变个人角色，成为课堂教学的组织者与引领者，而不是帮助学生解答问题的人或是教学的权威。教师的专业化成长不但涉及知识、技能水平的提升，还需要在心理方面进行强化，提升心理自由度。体验式教学法的应用要求教师认清楚自己的角色，避免成为学生学习的指挥者及评论者。

（3）健全教育教学管理制度

如今的大学生有着积极活跃的思想，同时还具有多元价值倾向。体验式教学法要求学生有很强的自觉性，进行有效的自我约束，这样才能真正发挥体验式教学法的优势。如果教师缺少对课程教学的管理，又不能运用科学化的引导策略，就会让课堂教学陷入混乱状态，从而影响教学目标的达成。所以，教师要积极完善教育教学管理制度，规范课堂教学秩序，对学生进行科学化管理。

总之，在心理健康教育课程中使用体验式教学法可以对教育教学进行创新和改革，提高学习质量，提高师生之间的交流效率。

（二）通过心理普查识别、评估危机征兆信息

高校应提高年度心理健康调查的普及率，与调查中发现的有风险的学生进行

访谈，帮助他们减少心理困扰和压力；对有心理危机征兆的学生进行监测，以提供早期预警，及早发现心理问题，预防危机。

（三）积极提供多形式的心理咨询服务

高校应坚持"面向全体、面向个人、面向预防、面向发展"的原则，努力为学生提供一系列心理支持服务。教师应主动与有心理问题的学生，特殊家庭比如孤儿、单亲、有重大变故等问题的学生以及有特殊困难的学生进行交谈，了解并掌握他们的心理状况和特殊困难情况，及时提供心理帮助和支持。利用网络资源和各种平台为学生提供专门的咨询渠道，并对他们的不同需求做出回应，是非常重要的一点。此外，对于被诊断出有严重心理障碍或精神疾病早期症状的大学生，应及早将其转到专业机构进行治疗，以有效防止精神疾病的不良发展。

二、建立大学生心理档案及危机预警信息报告制度

为了达到发现潜在的或即将发生的心理问题的目的，高校应根据心理危机的机制建立学生心理危机预警信息报告系统。在这个阶段，一定要加强对学生的心理素质教育和预警信息报告系统的建设，以便有效地从源头上发现并解决心理问题。

（一）大学生心理档案的建立原则

1. 科学性原则

首先，测量工具的选择应该符合科学性原则。目前，国外的量表在中国普遍使用，如症状自评量表（SCL-90）、身心健康量表（UPI）、抑郁自评量表、卡特尔十六种人格因素测验（16PF）等。这些量表已经取得很多成果，具有可靠性和有效性。然而，由于这些量表是直接从国外引进的，并不是专门为中国大学生设计的，所以结果可能存在一定的偏差，需要在测量后重新加以分类和验证。

其次，对收集的信息要进行客观、公正的分析。高校要对收集到的信息进行分析，对学生的行为进行总结，用数据客观、公正地反映学生的个性心理特征

和心理健康状况，不能从主观上对学生的心理状况进行推断，也不能对某些材料和文件进行增删和修改。结果的统计和后续结果的解释应该由专业人员负责。

最后，应使用高科技手段对数据进行收集、储存、分析和管理。高校应积极采用现代管理手段对大学生的心理数据进行提取、分析和修改。量表可以转化为软件，方便普查工作；现代统计分析软件，如 SPSS 可以用来分析数据；档案管理方面，传统的行政工作是困难和复杂的，档案存储的数字化已经成为档案管理工作的发展方向。

2. 保密性原则

与一般人事档案不同，大学生的心理档案不能作为评估学生行为的依据，也不能随意向教师、家长或其他学生透露。心理档案属于大学生的隐私，其内容应当只有学生本人可以查看，若心理专业人员的调研活动或者学术活动需要使用大学生的心理档案，则必须征得该大学生的同意。一个合格的危机干预专业人员必须提高自己的职业道德和道德操守，遵循档案的保密原则，尊重学生的心理健康状况，并保持教师和学生之间的信任关系。为了做到严格规范、妥善管理，大学生心理档案主管部门必须制定心理档案管理细则，明确分工，明确心理档案的收集、整理、借阅、保管以及报告措施的落实。

当然，在紧急情况下，档案管理人需灵活变通。例如，一个学生的心理状况恶化，并可能危及自身的生命或他人的生命，则必须及时分享信息内容，以便所有的平台和官方人员能够共同监测情况。

3. 动态性原则

动态性原则有两层含义。一是要同步更新文件中的信息。除了每年对新生入学时的心理健康状况和人格特征进行全面记录外，还必须在建档后对学生的心理发展动态进行监测，根据学生的成长更新档案信息，每学年对关键群体进行监测。二是不仅能够从动态和变化的角度分析和理解问题，而且能够从发展的角度解决问题和预测结果，提高防患于未然的意识和水平。这要求专业人员具有较强的洞察能力和预见能力，以积极的态度指导和帮助学生，创造条件促使其健康成长和发展。

（二）大学生心理档案的危机预警功能

危机预防工作者通常不与学生定期接触，班主任和辅导员也很难及时发现学生的心理问题，而心理档案中的特征分析则可以通过定期的特定心理测试在早期发现学生的心理问题，为危机预防提供重要的早期预警信息。心理危机工作人员应组织对有筛查风险的群体进行心理评估，将其与学生的生活、学习等方面联系起来，以最终确定预警目标群体，并根据情况为他们提供差异化的服务，做到对每个个体的情况进行充分的分析。心理危机工作人员根据既定的心理筛查准则，筛选出可能存在严重心理问题的学生，由学校学生咨询部门主动发出通知，邀请这些学生参加心理咨询活动，由经验丰富的咨询师或心理咨询专家根据谈话的结果重新进行心理评估和考核。

首先要指出的是，对学生精神障碍的鉴定是一项十分谨慎的工作，不应掉以轻心，不能基于测试、量表等单一的指标得出武断的结论。由于实验过程中存在许多不确定因素，必须对数据进行反复验证，而不应随意给学生"贴标签"，应该在和学生多次面对面谈话之后再下定论。

根据调查和访谈的结果，心理危机工作人员将学生的总体心理素质报告交给上级领导，以便辅导员或班主任了解情况，重点关注心理存在问题的群体，为他们提供心理上的帮助和支持，帮助他们尽快适应大学生活，无论学业方面还是个人生活方面。辅导员和班主任要帮助学生分析心理问题产生的原因，使他们改变对生活困难和成长危机的看法，共同制定和实施具体方案和行动，用不同的方式帮助他们减少或预防各种心理障碍，使他们在丰富多彩的大学生活中体验到快乐。

三、构建"班级—学院—学校"三级危机预防预警工作网络

想要把大学生心理危机预警工作做好做细，不仅要建立大学生心理档案，对重点人群进行及时筛查和数据分析，还要完善大学生心理危机预警信息的传

递和报告制度。建立一个由学生、辅导员和专业人士参与的三级预警网络，鼓励教师和学生参与学校危机干预工作，并将报告、筛查、监测、跟踪和反馈结合起来，及早预防、发现和应对危机。

一级网络主要是学生骨干。要向大学生特别是学生社团传授危机预防和干预的基本知识，充分发挥班级学生干部和学生社团的作用，加强学生思想感情上的联系和沟通，对突发事件能够早发现、早报告，把可能出现的心理问题扼杀在最初的状态。对于接受危机干预的人员，学生干部要做好心理跟踪工作，经常关心当事人后续心理的发展状况，帮助当事人顺利应对危机，恢复心理功能和心理平衡。学生干部一旦发现异常情况，应迅速进行反馈，避免事态进一步恶化。现在许多大学都有班级心理委员，专门负责识别、报告、监测和跟进本班学生的心理危机，并充当宣传员、观察员、辅导员和危机预防管理员。

二级网络主要是院（系）的辅导员和学生导师。班主任和辅导员应定期接受心理健康和危机预防方面的培训，对不同心理问题的症状有足够的了解，及早发现学生心理方面的问题，与学校的危机预防中心进行联系和沟通，尽可能早地实施预警措施，并负责与学生家长联系。

三级网络主要是学校的专业心理健康教师和助工。在适当测量的基础上，危机应对机构将监测和记录高危人群的信息，并向各院（系）的辅导员发送预警信息，要求他们帮助跟进和监测。对于有严重危机倾向的大学生，危机应对机构应安排一对一会谈，帮助他们缓解不良情绪、减少压力，降低危机发生的可能性。如果大学生被诊断出患有精神疾病，高校应将其转到更加专业的机构进行治疗，比如当地医疗机构等。

四、整合各方面教育资源，构建大学生社会支持系统

（一）帮助大学生构建来自高校教师队伍的社会支持系统

教师应向学生提供文化和思想上的支持。在高校中，教师的职责主要是教学，他们很少在学生的精神和心理引导上发挥作用。事实上，高校教师能更好地

为大学生服务，引导他们走向未来，帮助他们确定个人的发展方向。高校教师帮助学生理清思路，积极改变学习计划，避免分心，有效利用时间，提高学习效率，追求自我发展。因此，高校应鼓励教师在"教"的同时承担起"以德育人"的责任。教师应该在课堂上或课后与学生互动，消除学生的疑虑，从不同的角度引导学生的心理发展，并为他们展示自我发展的正确做法。

（二）帮助大学生构建来自学校管理队伍的社会支持系统

校园中的管理力量对学生的发展有重大影响。管理人员应分层次、有区别地帮助和指导具有不同特点的学生群体，需要提供支持的时候应该根据学生的实际发展情况进行分析和评估，以提供相应的支持。管理队伍社会支持包括以下几个方面。

1. 经济支持

经济支持是社会支持的一个重要方面。贫困是造成学生心理问题的一个重要因素。学校领导班子要关注贫困学生的经济和心理状况，与学校后勤部门协商，创造适合学生生活的环境，给家庭经济困难的学生提供劳动的机会，帮助他们找到解决困难的方法和途径。例如，让贫困学生打扫学校食堂、教室和教学楼卫生，组织会议、办公室工作等，给予其相应的劳动报酬。

2. 交往支持

人们需要一种归属感，而当这种归属感缺乏时，往往会造成心理上的困扰。良好的人际关系在预防心理问题方面发挥着重要的作用。学校领导及指导教师应该对每一个学生施以援手，特别是那些性格内向的学生，及早了解他们的需求，给予他们关心和爱护，以免他们因缺乏情感和人际关系支持而产生心理动荡。相关工作人员还应与学生讨论在学习过程中可能遇到的沟通问题并提供解决办法，宣传良好的人际关系对个人发展的价值，传播积极化解冲突的理念，反对对学生进行分组和隔离，加深学生对健康和谐人际关系的理解。

3. 参与支持

根据社会支持系统理论，身体和精神健康的保持可以通过参与更多的社会活动来实现。参加各种文化活动是学生缓解压力的重要途径，很多心理问题都可以通过参加突出自己优势的活动得到缓解。周期比较长的体育活动可以促进心理健康，有助于治疗身体和精神疾病。因此，高校应该广泛开展二级活动，包括适合学生的娱乐活动、智能辅导和专门的兴趣课堂。

（三）帮助大学生构建来自心理咨询专业人员的社会支持系统

心理支持是社会支持系统的最后一关，辅导员或专业的心理教师应该通过各种渠道为学生提供有效的社会支持。

1. 心理健康知识普及

传播心理健康知识是学校的一项重要任务。只有让学生了解心理健康的基本知识，才能使学生发现问题并自主调节心理状态。可见，对心理健康知识的了解是一个先决条件。高校可以通过多种方式，如展板、公开课或必修课、心理学讲座和心理学小册子，向学生提供必要的心理学知识。

2. 生命价值教育

许多关于有自杀倾向的学生的研究发现，自杀的主要原因之一是感知不到生活和存在的意义。学生对生活和自身的反思不可避免地会导致思维混乱，如果未得到及时引导，就会形成错误的价值观，甚至作出对自己不利的决定。因此，价值观教育引起了大学心理健康教师和心理学专家的关注。对大学生进行生命价值教育的有效方法是让他们观看相关电影和海报，以及参加相关研讨会、集体咨询等。

3. 心理咨询和治疗

除了普通的心理教育，对于因突发事件，如学业、生活、恋爱或家庭危机而产生心理问题的学生，应及时给予心理辅导；对于已经出现问题的学生，应尽可能地当面进行辅导。如果学生有严重的心理问题，应立即将他们转到相应的专业机构和医院接受专业的治疗。

（四）帮助大学生构建来自同学、朋友的社会支持系统

在大学校园里，除了教师，大学生与朝夕相处的同学有更多的人际交往。一些研究发现，当大学生体验到更多的社会支持时，他们会有更强烈的自尊心，对自己的评价也会提高。这反过来会促使大学生产生积极的自我认知，从而提高他们的主观幸福感，最终提高他们的心理幸福感。

同学和朋友的支持与大学生的自尊水平和心理健康水平的关系最为密切。所以想要改善大学生的心理健康状况，同学和朋友的支持发挥着重要作用。有研究显示，大学生的社会支持来源主要有五类：家庭、朋友、亲戚、同学和恋人。在五种最重要的社会支持对象中，朋友、同学和恋人占一半以上，而且这三种都是大学生的同龄人，说明同龄人的社会支持非常重要。

综合看来，大学生在改善心理健康的过程中，应努力学习如何处理来自学校、家庭和社区的不同类型的社会支持，并充分发挥社会支持在改善自身心理健康方面的积极作用和实际效益。面临心理健康问题，大学生首先要学会增强自己的独立性和责任感，在心态上达到平衡状态，顺利解决心理上的问题，并且能够在问题解决过程中得到锻炼和成长，提高心理免疫力和心理问题应对能力，最终以提高综合素质为目标，成长为社会需要的全面发展的人才。

五、加强心理健康教育知识的学习和研究

学校心理健康教育专职教师、辅导员、班主任是维护校园安全稳定的重要力量，必须进行心理健康教育理论知识学习与研究，并与实际工作相结合。只有不断学习和研究新时期大学生心理状况的特点，才能不断提高工作的专业化水平，促进自身成长成才，提高应对学生突发问题的能力，做到学生心理问题早发现、早治疗。

第六章

大学生心理危机的干预措施

第一节　心理危机干预的基本理论

一、心理危机干预的概念

关于心理危机干预的起源有两种说法。一种说法认为，心理危机干预起源于军队精神病学临床领域。第一次世界大战时期，大量新兵出现情绪不稳等心理问题，心理学家开始关注心理危机干预的研究。另一种说法认为，危机干预是在波士顿椰林夜总会火灾幸存者的对照研究中发展起来的，这场火灾导致492人死亡，场面惨烈。林德曼（Lindemann，1944）发现心理干预能够让火灾当事人感受痛苦、发泄情感和正视现实，接受过心理危机干预者比未接受干预者缓解快、预后效果更好。而危机干预理论则是在火灾幸存者处理过程中形成的，并为后来重大灾难中的心理社会服务提供了理论依据。

早期的西方社会工作者和专业人员均认为，危机干预是指以促进成长与发展为目的，对暴露在创伤性事件与正常生活压力源的人进行心理评估，并做好预防，最终减轻创伤性事件与生活压力源对个体的影响。

近年来，我国逐渐开展关于心理危机干预的研究并取得了一定成果。我国较为正式的首例危机干预发生在1994年，新疆克拉玛依市火灾发生后，北大精神卫生所专家对伤亡者家属进行了两个月的心理危机干预，并取得了较好的效果。

此后，我国学者逐渐对心理危机干预进行深入研究，并对危机干预的概念有了更深层次及多样化的理解。其中季建林（1994）认为，从心理学的角度来看，心理危机是指调动个体在危机中的自我潜能来重新建立或恢复危机爆发前的心理平衡状态的心理咨询和治疗技术。而段鑫星（2006）认为，危机干预是随时对经历个人危机、处于困境或遭受挫折和将要发生危机（自杀）的人提供支持和帮助，进而促使其心理恢复平衡，并达到危机产生前行为水平的短期治疗过程。

综上所述，国内外学者对危机干预概念的界定可归纳为两类。

第一类是从危机干预的技术层面阐释，认为危机干预是一个短期的帮助过程，主要借助简单心理治疗的手段，帮助当事人处理当前面临的问题，恢复心理平衡，安全渡过危机，但并不涉及后期人格的矫治。

第二类是从危机干预工作层面对危机干预的概念进行扩展，并提出后干预的概念，涉及支持系统的构建、人格矫治、挖掘潜能等。

二、心理危机的主要理论

危机理论最先由林德曼提出。林德曼还提出了"痛苦工作"的概念，该概念是当前危机干预理论最为重要的基础。林德曼强调，在强烈的悲痛面前，人不能沉溺于内心的痛苦中，而要让自己感受和经历痛苦，发泄情感，否则容易产生不良后果。痛苦工作包括体验哀痛、接受现实、调整生活。卡普兰对林德曼的理论进行了补充和发展，创建了情绪危机模型。根据卡普兰的情绪危机模型可知，个体与环境之间在一般情况下处于一种动态平衡状态，当面临生活逆境或不能应对需要解决的问题时，个体往往会产生紧张、焦虑、抑郁和悲观失望等情绪，从而导致情绪失衡。而这种平衡状态的维持与个体对逆境或事件的认知水平、社会支持及应对技巧三方面密切相关。下面我们将对国内外围绕心理危机研究所提出的主流理论进行阐述。

（一）危机人格理论

布洛克普的危机人格理论认为，心理危机的产生除了客观环境的作用，还涉及面临危机时个体人格特质方面的问题。在相同的危机情境下，有的人无所适从，时时感到危机的存在；有的人镇定自若，应付自由，不需进行危机干预。布洛克普对该现象进行了研究，并提出了"危机人格理论"。该理论认为，容易陷入危机状态的个体在人格上有一定的特异性：一是注意力明显缺乏，日常生活中不能审时度势，看问题只看表面，看不到问题的本质，应付处理不当；二是社会倾向性过分内向，遇到危急情况时往往瞻前顾后，总是联想到不良后果；三是在情绪情感上具有不确定性，缺乏自信，独立处理问题的能力差，依赖他人的援助；四是解决问题时缺乏尝试性，行为冲动、欠思考，经常出现毫无效果的反应行为等。

（二）统合的三水平危机理论

亚诺希克将危机理论概括为三个不同的水平：基本危机理论、扩展危机理论和应用危机理论。

1. 基本危机理论

林德曼提出的基本危机理论，对理解那些因亲人死亡而导致的悲哀性危机做出了实质性的贡献。他认为，悲哀的行为是正常的、暂时的，并且可以通过短期危机干预技术进行治疗。"正常"的悲哀行为反应包括总是想起死去的亲人、认同死去的亲人、表现出内疚和敌意、日常生活出现某种程度的紊乱。

林德曼否定了当时的流行观点，即应把求助者所表现的危机反应当作异常或病态进行治疗。林德曼关心的主要是悲哀反应的及时解决，而卡普兰则将其结构扩大到整个创伤事件。卡普兰认为，危机是一种状态，这种状态出现的原因是生活目标的实现受到阻碍，且用常规行为无法克服。阻碍的来源既可以是发展性的，又可以是境遇性的。林德曼和卡普兰在对创伤进行危机干预时，都采用了平衡或失衡模式。林德曼将这一模式分为以下四期：第一，紊乱的平衡；第二，短期治疗或悲哀反应起作用；第三，求助者试图解决问题或悲哀反应；第四，恢复平衡状态。

卡普兰将林德曼的概念和模式应用于所有的发展性和境遇性事件中，并将危机干预扩展到心理创伤的认知、情绪和行为问题层面。针对人类对创伤性事件的普遍反应，卡普兰与林德曼的工作为在咨询中使用危机干预策略和短期心理治疗起到了推动作用。在他们的带领下，基本危机理论将焦点集中于帮助危机中的人认识和矫正因创伤性事件引发的暂时的认知、情绪和行为扭曲。大部分人都会在一生的某个时候遭受心理创伤，应激和创伤的紧急状况并不构成危机，只有在主观上认为创伤性事件威胁到需要的满足、安全和有意义的存在时，个体才会进入应激状态。与危机同时出现的既有暂时的不平衡，也有成长的契机。危机的解决可能会导致积极的和建设性的结果，如具有更强的应对能力及减少消极的、自我否定性的和功能失调的行为。

2. 扩展危机理论

随着心理危机理论和干预实践的发展，人们越来越认识到，在社会、心理、环境的共同影响下，任何人都可能出现暂时的病理症状。但是基本危机理论没有考虑使一个事件发展成危机的社会因素、环境因素，而将个体自身的素质作为危机的唯一因素或主要因素，这显然是不够的。扩展危机理论就是在这个基础上发展起来的，主要从心理分析理论、一般系统理论、适应理论和人际关系理论中汲取了有用的成分。

心理分析理论的基本观点是通过找到进入个体无意识思想和过去情绪经历的路径，可以理解伴随危机的不平衡状态。关于为什么某个事件会发展成危机，心理分析理论将其解释为儿童早期的心理固着。在受到危机情况的影响时，这个理论可以帮助求助者理解其行为的动力和原因。

一般系统理论主要基于人与人、人与事件的相互关系和相互影响，而不强调处于危机中的个体的内部反应。一般系统理论的基本概念可以类比为一个生态系统，构成系统的所有要素都是相互联系的，只要其中一个要素改变，就会导致整个系统发生改变。贝尔金进一步指出，该理论涉及一个情绪系统、一个沟通系统及一个需要满足系统，系统的所有成员都会对别人产生影响，也会被别人影响。

适应理论认为，适应不良行为、消极的思想和损害性的防御机制对个体的危机起维持作用。该理论假设，当适应不良行为转变为适应性行为时，危机就会消退。打开功能适应不良链条，意味着将适应不良行为转变为适应性行为，促进形成积极的思想以及构筑防御机制，可以帮助求助者克服由危机导致的失能，并向积极的功能模式发展。在心理危机干预工作者的帮助下，求助者能够学会将旧的、懦弱的行为转变为新的、自强的行为。这样的新行为可以直接在危机条件下起作用，最后成功地化解危机。

人际关系理论的要点是，如果人们相信自己、相信别人，并且具有自我实现和战胜危机的信心，那么他们的危机就不会持续很长时间。人们如果将自我评价的权利转让给别人，就会依赖别人而获得信心。因此，一个人的控制权的丧失与他的危机会持续相同的时间。人际关系理论的最终目的在于使自我评价的权利回到个体自己的手中，这样，个体才可以控制自己的命运，并采取行动应对危机。

3. 应用危机理论

危机理论的应用要灵活。每一个人的每一次危机都是不同的。因此，危机干预工作者必须将每一个人和造成危机的每一个事件都看作独特的。心理学家布拉默提出，应用危机理论包括三个方面：发展性危机（成长性危机）、境遇性危机、存在性危机。

第一，发展性危机，也称成长性或内源性危机、内部危机、常规性危机。

第二，境遇性危机，也称外源性危机或环境性危机、适应性危机。境遇性危机是指由外部事件引起的心理危机，是任何人在任何时候都有可能遭遇到的。

第三，存在性危机，是指伴随着重要的人生问题，如关于人生目的、责任、独立性、自由和承诺等出现的内部冲突和焦虑。

（三）应激理论

应激理论的创始人塞里被称为"应激之父"。他把应激看作人或动物有机体对环境刺激的一种生物学反应，认为应激可由加在机体上的许多不同需求（从剧烈的生理因素如出血，到单纯的心理学因素如沮丧）引起，并且是非特异性的（环境刺激或需求可能是多种多样的，但机体的生物学反应是固定不变的）。塞里称之为"一般适应综合征（general adaptation syndrome，GAS）"，它包括惊觉期、抵抗期、衰竭期三个阶段。

塞里认为，"下丘脑—脑垂体—肾上腺皮质轴"这一生理学控制系统对于GAS 具有重要作用，并详细阐述了应激的生理机制，提出了应激的 GAS 反应模型。

（四）危机干预理论

1. 认知干预理论

20 世纪 60 年代，临床心理学领域出现了认知干预理论，它假设认知过程会影响情感和行为，因此该理论的重点在于对认知的改变。例如，通过认知和行为矫正技术来改变来访者的不良认知，即受到歪曲的、不合理的信念，具有一定的消极性，并导致个体产生情绪障碍和非适应性行为。

认知干预理论认为，认知是客观事件或外部刺激对个体情感和行为产生影响的中介因素或重要原因。因此，该理论关注来访者的不良认知和思维方式，若能矫正这些不良认知，则来访者的情绪和行为能得到相应的改变，而要想解决心理问题，就必须以个体的认知为切入点，干预的目标应为个体的认知偏差和失调。

在技术的使用上，可以使用贝克的认知疗法、美国心理学家阿尔伯特·艾利斯的理性情绪疗法等，通过纠正个体认知方面的偏差和失调，达到认知、情感、行为的和谐。

以贝克的认知疗法为例，其干预技术包括以下内容。

（1）识别负性自动想法

需要由危机个体来识别负性自动想法，即把自己遇到事情后的第一念头记录下来，并对其中经常出现的、消极的念头进行总结。

（2）识别认知错误

干预工作者通过记录危机个体在述说时的自动化思想及在情境中产生的问题，识别其认知错误。在此过程中，要求个体学会总结规律，找出问题的共性，随后分析和识别自身的错误认知和图式，找到情境、自动想法、情感反应之间的关联，最终能用新的认知替代原有的不良认知和图式。

（3）真实性检验

干预者可以和危机个体一起对被个体曲解的认知进行分析、假设、推断，看其是否合理，并进行检验和辩论。通过对这类认知的真实性检验，个体能逐渐发现自身的此类认知是错误的、消极的且不符合实际的，从而动摇先前的错误信念。

（4）忽略注意

部分个体会感到自己是他人注意的中心，进而总感觉自己是危险脆弱的。此时，干预者可以要求个体忽略周围人的注意，使其意识到在现实中很少有人会关注其言行。

（5）监测苦闷或焦虑水平

部分个体存在焦虑情绪，并认为焦虑会一直存在，实际上焦虑是波动的。在认知干预技术中，鼓励个体监测自我的苦闷或焦虑水平，认识其波动特点，能增强个体抵抗焦虑的信心。

（6）"苏格拉底式"对话

"苏格拉底式"对话是指通过一系列追根究底式的对话，促使个体发现自己的想法的矛盾之处，进而改变自己的想法。

2. 行为干预理论

行为干预理论是指个体的特定行为发生改变，如减少或消除个体在危机中的一些不良行为，培养或改善一些良好行为，促进个体顺利度过危机。行为干预理论以认知行为为特征，认为行为是受个体认知影响的，认知是行为改变的必要条件，动机、环境等因素是影响行为的关键。而行为改变的技术主要包括降低不良行为的发生频率、提高良好行为的发生频率及行为塑造三类。行为干预理论可分为应用于个体水平的理论、应用于人际水平的理论。

（1）应用于个体水平的理论

应用于个体水平的理论主要针对个体在行为改变中的心理活动来解释、预测相关健康行为并进行健康行为教导的干预。与该理论相关的行为模式有知信行模式、行为改变阶段模式。

知信行模式将人们的行为改变分为三个连续过程：获取知识、产生信念及行为改变。其中，获取知识是基础，产生信念是动力，行为改变是目标。在此过程中，行为的改变有两个关键步骤，即确定信念和改变态度。

行为改变阶段模式是国际上应用十分广泛的改变理论模型之一，它将人的行为变化解释成一个连续的、动态的、分步骤推进的过程：①在无转变打算阶段的干预策略是帮助提高认知、唤起情感、消除负面情绪；②在打算转变阶段的干预策略是帮助制订行为转变计划，提供技能指导；③在转变准备阶段的干预策略是确定切实可行的目标，寻求社会支持，克服可能出现的困难；④在转变行为阶段的干预策略为激励政策；⑤在行为维持阶段的干预策略是创造支持性环境，建立互助组。需要注意的是，每个行为改变阶段个体都有不同的需要和动机，只有针对不同需要进行个体干预，才能促使其进入下一阶段的转变。

（2）应用于人际水平的理论

与该理论相关的理论有社会认知理论、社会网络和社会支持。

社会认知理论是由美国心理学家阿尔伯特·班杜拉于20世纪70年代末提出的，用以阐释人类的机能。该理论假设个体的行为、认知及环境是相互联系、相互决定的，并共同控制着个体的行为。其中，行为因素包括机能、实践及自我效能；认知因素包括知识、期望及态度；环境因素包括社会规范、社区及舆论。该理论认为，环境是社会支持的来源，个体在环境中对其他人产生期望，而正期望值可促进其行为的改变，主要通过自我控制及观察学习，并受到自我效能的控制及调节，进而正向强化良好行为。

社会网络是指围绕个人的社会关系网。社会支持是社会网络的功能之一，包括情感性支持、实质性支持、信息支持及评价支持。其中，情感性支持包括爱、信任、关怀等；实质性支持包括提供所需要的直接的、切实的帮助和服务；信息支持包括提供可用于解决问题的咨询、建议等；评价支持包括提供有助于自我评价的反馈、肯定和比较等。常见的社会网络及社会支持干预形式可以帮助个体扩大现存的社会关系网，发展新的关系网络。

由此可见，行为理论和模式应用的主要目的在于行为干预，即通过研究行为影响因素进而制订计划，设定行为干预路径，并在最后进行效果评估。

3. 生态系统理论

基于发展心理学，著名心理学家布朗芬布伦纳提出了生态系统理论。该理论对环境的影响进行了详细分析，认为生物因素和环境因素交互影响人的发展。从环境因素的角度来看，发展的个体处在从直接环境（如家庭）到间接环境（如宽泛的文化）的多个系统之间，或嵌套于其中，每一个系统都与其他系统以及个体之间存在交互作用，进而影响发展的许多重要方面。

在嵌套结构模型中，第一个环境层次处于最里层的是微观系统，即个体活动和交往的直接环境；处于第二个环境层次的是中间系统，即各微观系统之间的联系或相互关系，如果微观系统之间有较强的积极联系，发展就可能实现最优化，相反则会产生消极的后果；处于第三个环境层次的是外层系统，即那些个体并未直接参与却对他们的发展产生影响的系统；处于第四个环境层次的是宏观系统，即存在于以上三个系统中的文化、亚文化和社会环境，是一种意识形态，直接或间接地影响个体知识经验的获得。

该模型还包括时间维度，把时间作为研究个体成长中心理变化的参照。而时间系统关注的是个体在发展过程中的每一个过渡点，包括正常的过渡和非正常的过渡。

因此，生态系统理论认为，危机产生于整体生态系统中，系统是指相互关联、由内而外、层层包叠的环境系统，每一层的环境与人相互作用。因此，不仅要关注危机幸存者的情绪创伤，还要注重恢复和稳定个体与环境之间的平衡。

4. 折中的危机干预理论

折中的危机干预理论是指当危机事件发生后，危机干预者对所有的危机干预方法进行整合，进而选择有效的策略以帮助危机事件个体。这是一种通过任务指向来操作的干预理论，在使用中强调技巧和直觉，极具灵活性和开放性。因此，折中主义很少有理论概念，而是各种方法的混合物。首先，要确定所有系统中有效的成分，并整合为内部一致的整体，使其适合行为资料；其次，对外在条件如时间、地点等进行最大限度的了解，考虑所有相关的理论、方法和标准，找到评价和操作的现有资料；最后，当不确定使用哪种特别的理论时，保持一种开放的心态，不断试验，从而找到得到成功结果的方法和策略。该理论的主要观点是：每一个人和每一个危机都是独特的，但也都是类似的。因此，可以将不同理论和模式进行整合，综合运用。

第二节　心理危机干预模式

危机干预的目的是避免危机事件经历者出现自伤或伤害他人的行为，并帮助其恢复心理平衡，渡过心理危机。这种干预是短期的帮助行为，主要目标是解决当前存在的问题，不涉及人格的矫正，关键是快速减轻个体的应激反应，恢复个体各方面的功能。在干预过程中所采用的各种干预策略和技术，都是建立在危机干预理论及干预模型上的，其中较出名的有以下三种：经典危机干预模式、建构主义干预模式、评定—危机干预—创伤治疗模式（ACT 模式）。

一、心理危机干预的主要模式

（一）经典危机干预模式

1. 平衡模式

严格来说，平衡模式应称为平衡或失衡模式，是最基本的危机干预模式。危机中的人通常处于一种心理或情绪的失衡状态，在这种状态下，自身原有的应对机制和解决问题的方法已经无法满足他们当下的需要。平衡模式的目的在于帮助处于危机中的人重新达到危机前的平衡状态。

平衡模式适用于危机早期干预。这时的人们失去了控制自己的能力，找不到解决问题的方向，也没办法作出适当的选择。干预者的主要精力应集中在稳定求助者的心理和情绪方面，帮助处于危机中的人认识和矫正暂时的认知、情绪和行为的扭曲。在处于危机中的人重新达到某种程度的稳定之前，不能采取也不应采取其他措施。例如，对于一个想要自杀的求助者，干预者应将工作重点放在帮助求助者稳定情绪上，让求助者认为活下去是值得的，而不是去挖掘求助者为什么产生自杀的念头。除非确定求助者愿意继续活下去，并且这种思想稳定一周以上，才可以采取其他措施。

2. 认知模式

认知模式的建立首先基于这样一种认识：危机来源于对生活困难和创伤的错误思维和信念，而不是事件本身或与事件和境遇有关的事实。因此，该模式的基本原则是通过改变思维方式，尤其是通过认识其认知中的非理性和自我否定部分，获得理性或强化思维中的理性与自强的成分，从而使人们获得危机的控制能力。显然，这一模式的理论依据是认知行为疗法理论。

在现实中，人们有时会给予自己否定和扭曲的信息。这种消极信息的持续影响，推动其对境遇的内部感知朝着越来越消极的方向发展，直到再也不能使他们相信在自己的境遇中还有积极的成分。随着消极的否定性信念的增强，他们会认为自己对境遇是无能为力的。

危机干预工作的任务就是要使求助者对他们的不合理信念提出质疑，通过练习和实践新的自我说服，使个体的思想变得更积极、更肯定，直到旧的、否定性的和自我挫败的信念消失。认知模式最适用于稳定下来并接近危机前平衡状态的求助者。这一模式的基本步骤可以借鉴阿尔伯特·艾利斯的理性情绪疗法、亚伦·贝克等的认知疗法。

3. 心理社会转变模式

心理社会转变模式认为人是遗传和社会环境学习交互作用的产物。人总是在变化、发展、成长，周围的社会环境和社会影响也在不断地变化，因此，危机的产生可能与内部和外部（心理的、社会的或环境的）的困难有关。危机干预的目的在于与求助者合作，确定引发危机的内部困难和外部困难，帮助他们选择替代他们现有行为、态度和使用资源环境的方法，结合适当的内部应对方式、社会支持和环境资源，帮助他们获得对自己生活的自主控制权。

心理社会转变模式不认为危机是一种单纯的内部状态。这一模式涉及个人以外的环境，考虑需要改变的系统成分。例如，朋友、家庭、职业等都是影响心理适应的外部因素。

对于某些类型的危机，除非影响个体的社会系统也发生变化，或个体与系统相适应，或个体懂得这些系统的发展变化规律以及这些系统如何影响个体对危机的适应，否则难以获得持续性的解决。心理社会转变模式引导我们从心理、社会和环境三个方面来寻找危机干预策略。与认知模式相似，心理社会转变模式也适用于已经稳定下来的求助者。这一模式主要来源于奥地利精神病学家阿尔弗雷德·阿德勒的理论。

4. 哀伤辅导模式

哀伤辅导概念是林德曼提出的，也是目前危机干预理论体系的基本内容。林德曼特别指出，在面对极强悲痛之时，不能深陷于内心巨大的痛苦之中，而要对这样的痛苦进行深刻的感受与经历，进行一定程度的情感发泄，以免出现不良后果。哀伤辅导涵盖对哀痛的体验和所面对事实的接受，如面对失去亲人的痛苦时，能够恰当地调整生活状态。

当前哀伤辅导对世界多国都产生了极大的影响，得以迅速发展，并在危机干预实践中显现出极大的价值。在辅导失去亲人的人时，运用哀伤辅导模式能够让他们的信心逐渐恢复，重新找到并确立未来生活的目标。

（二）建构主义干预模式

建构主义关注的是个体如何运用自身已有的经验，结合心理结果及内部信念来构建知识经验，病理心理是文化和话语的构建物。该心理危机干预模式认为，个体需要主动且带创造性地建构知识经验，将新旧经验结合起来，重构自己的经验结构和自我结构。在不同阶段和情境下，建构主义干预模式的侧重点和实施方式是不同的，主要分为三个阶段。第一阶段是危机事件发生前，此时个体所处环境良好，心理处于平衡状态，能应对日常生活事件中的应激事件，但当危机来临时，个体往往没有任何心理准备。因此，该模式强调预防措施，加强个体的心理建设，通过对个体自身内部的初步建构，扩展其知识图式，使其了解危机及应对框架，提早认识到危机的严重性，学习如何去积极应对。第二阶段是在危机干预中期，是帮助个体进行高级建构的阶段。当危机事件发生之后，若个体在初级建构模式下的图式建构较好，则较容易在短时间内摆脱心理危机；若个体在初级建构模式下的图式建构不太好，则需要通过真实体验建构更为成熟及科学的认知图式。对于这部分个体，可以通过个别辅导、团体辅导等进行干预，帮助他们建构和完善认知图式，进而减轻由危机带来的焦虑，恢复其社会功能。第三阶段是在危机干预后期，是完善个体高级建构的重要阶段。个体在此阶段可以通过各种形式的干预活动，不断地内化、建构和完善图式，掌握自我调节方法，提高自身的应对能力。

（三）评定—危机干预—创伤治疗模式

评定—危机干预—创伤治疗模式是美国哈佛大学学者罗伯特·希斯在"9·11"事件后提出的综合性危机干预模式，是一种专门针对突发性危机和创伤性危机进行心理干预的危机干预模式。评定—危机干预—创伤治疗模式包括评估（Assessment）、危机干预（Crisis Intervention）和创伤治疗（Trauma Treatment）三个程序。

该模式要求干预者在最短时间内对经历危机事件的个体进行干预，促使他们接受系统的心理治疗，摆脱自身的心理危机，是一种专门针对突发性危机和创伤性危机的综合性危机干预模式。其具体包括 A、C、T 三种模式：A 模式包括各种评估，如治疗类选法评估、危机评估、创伤评估、生物心理学和文化评估；C 模式包括灾难救济和社会服务的交付，执行关键事件应激报告，实施危机干预，强化观点和应对支持；T 模式为创伤治疗，主要是针对创伤应激反应、创伤后应激障碍、创伤和应激管理的治疗及康复。

二、国外常见的心理危机干预模式

国外的心理危机干预领域，有三种较为成熟的危机干预模式值得我们学习和借鉴，分别为美国红十字会危机干预模式、危机事件应激报告模式及教师危机干预模式。

（一）美国红十字会危机干预模式

该模式源于灾难中的干预，包括三种常用的心理危机干预方法：减压、个体危机干预和分享报告。为了缓解个体痛苦的情绪，接受过专门心理咨询训练的人员可以采用个体或者小组的形式，鼓励危机事件个体在相互支持的友好氛围中讨论其情感和相关事宜；在危机事件个体极度痛苦时，应采取一对一的个体危机干预方法，针对当时事件选择应对方式；而在分享报告中，危机干预工作者可以采用系统的教育方式，以讨论为主，让个体分享经历，合理表达情绪和重构认知，从而给这种经历画一个句号。

（二）危机事件应激报告模式

该模式吸取了军事应激干预经验，主要用来减轻心理危机为个体带来的急性身心症状，是针对危机事件的一种指导性小组讨论，强调"认知—情绪—认知"的框架。危机个体在危机干预工作者的带领下，一起讨论危机事件中的经历，通过对经历的描述进行情绪宣泄，获得同伴的支持，从而从危机事件中逐渐恢复。

标准的危机事件应激报告模式包括：第一，会谈活动开展时的介绍期；第二，每位个体依次描述事件的事实期；第三，描述对事件认知反应的感受期；第四，领导者询问身心症状的症状期；第五，介绍危机事件后正常反应及应激模式的辅导期；第六，总结创伤事件的恢复期，并评估需跟进或转介的人群。

（三）教师危机干预模式

教师危机干预模式是在危机事件应激报告模式上发展起来的，并应用到学校系统，主要目的是帮助因遭遇危机事件而产生心理危机的大学生。其使用方法和危机事件应激报告模式相似，主要为分享事件的始末，保证大学生了解创伤的事实，感受到彼此的心理支持，使大学生在教师的干预下重新获得控制感并结束危机事件。

第三节　心理危机干预技术

一、建立良好关系和提供支持技术

心理危机干预技术主要应用在危机干预六步法的前三步（确定问题、保证求助者安全和提供支持）上。美国心理学家吉利兰和詹姆斯在《危机干预策略》一书中，将这类技术称为倾听技术。他们认为，倾听技术在危机干预中非常重要，实际上有时仅仅倾听就可以帮助所有的人。所以也有人称危机干预为倾听治疗。但这里的"倾听技术"实际上包含了相当多的内容，是指以共情、真诚、接纳的态度，通过倾听、询问、观察、理解并作出适当的反应，与求助者交流沟通，建立和谐信任的良好关系，了解求助者的境况，并在这个过程中适时地提供支持。我们称之为建立良好关系和提供支持的技术。也有的学者将建立良好关系的技术和提供支持的技术分别进行了归纳。但在危机干预的前三个阶段，沟通并建立良好关系与提供支持是融合的，因此我们将它们合并起来介绍。

建立良好关系和提供支持的技术与美国心理学家卡尔·兰塞姆·罗杰斯提出的以人为中心的治疗是完全一致的。以人为中心疗法最适用的领域就是危机干预。下面简要介绍建立良好关系和提供支持的技术中涉及的各种技巧和态度。

（一）倾听技巧

有效倾听是与求助者建立良好关系的第一步。有效地倾听是需要技巧的。倾听技巧是指干预者在倾听中采用语言或非语言表达方式的参与行为。首先，干预者不需要说什么，更多的是看着对方，专心地听对方叙述。在绝大多数咨询和治疗的初期，求助者除了心理问题造成的应激，还会对治疗产生焦虑，在危急情况下，这种焦虑更突出。因此，求助者可能会精心掩饰自己的情绪而不表现出来，也可能用愤怒、咄咄逼人等情绪代替真实的情感（如害怕、悲伤、自责等）。这就要求干预者全神贯注地倾听，若干预者漫不经心，往往会错过求助者想表达的信息。而且，漫不经心的态度表示干预者并不关心求助者，这样很难建立起相互信任的关系。

干预者在倾听的过程中，不仅要善于听到"言外之意"，还应该留意求助者表达的非语言内容。非语言内容的表达方式有许多种，如身体的姿势、动作、语气、眼神变化、面部表情等，而这些都需要干预者仔细观察才能发现。求助者在不经意间，可能会通过身体动作表达自己的情感。干预者应该注意这些非语言内容与求助者的语言表达是否一致。通过对非语言内容的观察，干预者可以发现与求助者语言表达不一致的信息，从而获得更可靠的信息。但是，必须注意，危机干预者不能过多地对求助者的身体语言进行推测，因为非语言表达的内容并不是绝对可靠的。

同时，干预者在倾听时也要注意自己的身体语言，使自己的非语言表达与语言表达相协调。如果干预者嘴上说着"我非常理解你的感受"，而身体语言却表现出不耐烦，告诉求助者"我根本就没注意你在讲什么"，就会对危机干预的顺利进行不利。干预者的语调、面部表情、身体姿势，甚至是房间的环境布置，都必须向对方传达出关心、参与和信任的态度。干预者可通过点头、与求助者保持眼神接触、微笑、与求助者保持较近的距离（但不能太近）等，告诉求助者："我很关心你，我会集中精力倾听你的感受，我能够帮助你。"

（二）询问技术

在危机干预过程中，询问是必不可少的。询问如果得当，能促进干预双方的交流，反之则会阻碍其顺利进行。询问主要有开放式询问及封闭式询问。

开放式询问的指向范围通常较广，并无固定答案，允许危机个体自由表达自己的情感。通常，干预者通过这种方式可以了解更多信息，促进下一步的干预，但要避免问"为什么"，可以使用"什么""如何""能不能"等。询问是建立在良好信任关系的基础之上的，若咨询关系没有建立，会使危机个体产生疑惑甚至阻抗。并且，询问时要注意语气语调，不能咄咄逼人，应尽可能使用共情式、疑问式的语言，用温和的语气进行询问，让个体感受到干预者是真诚关心和帮助自己、希望了解事情的真相。另外，过多地进行询问也不合适，容易使个体沉默和设防。

封闭式询问通常用来澄清个体的真实想法，是把个体引入正题，用以了解其对事物的认知的方式，也是在制订计划后取得危机个体承诺的方式，还是表示干预者与危机个体趋于认同的方式。封闭式询问可以使用"您同意吗""是不是""要不要""可不可以"等语句。在使用该种询问技术的时候注意不要带有干预者的主观性，否则容易让危机个体混淆事实真相，影响干预者的判断。此外，连续使用封闭式询问，容易使危机个体停止自主探索，不利于双方良好关系的建立和维持。

（三）语言反馈技术

干预者在与求助者进行语言交流的过程中，若要对求助者的陈述做出反馈，应该注意以下几点。

1. 尽量使用第一人称

在交谈中，干预者往往会使用非第一人称。例如，"他们说……""你应该……"，这样的表述回避了干预者自己对问题的想法和感受，也让求助者觉得与干预者有距离，把干预者当作一个旁观者，不利于交流。而若使用第一人称，例如，"我们应该这样""我们会觉得……"，则会一下子缩短干预者与求助者的距离，让求助者感觉干预者真正参与并理解了自己的体验，有利于双方良好关系的建立。

危机干预不同于其他心理治疗，因为危机干预的求助者失去了能动性和心理平衡，需要干预者指导。干预者用第一人称，谈一些自己的感受、想法和行为，会使求助者将干预者当作榜样，减少防御敌对心理，使求助者较好地认可干预者的指导，因此，在危机干预中使用第一人称是相当重要的。

2. 明确表达自己的意思

第一，在危机干预开始时，干预者就应该向对方说明自己将要做什么。例如，危机干预者说："下面我会集中注意力听你讲，尽量理解你讲的事情。我还会设法理解你的言外之意和难言之隐，我知道这些问题让你很苦恼。"

第二，处于危机中的求助者往往会感到无人能够理解自己的处境和感受，因此，干预者在倾听的过程中，应该明确地向对方传达"我理解"的意思，这能给求助者提供极大的支持。求助者有可能因情绪过于激动而忽略了干预者的表达，这时，干预者应该继续向求助者表示"我理解"。

第三，在干预者不得不对求助者的有关行为，特别是对求助者做出伤害自己或他人的行为进行价值判断时，干预者应该实话实说。但实话实说仅是对这一具体行为的评价以及会采取的措施，不能用于评判求助者的人格，因为对人格的负面评判会加重求助者的挫折感，对其行为改变没有任何作用。

第四，在求助者做得很好时，干预者应明确表达自己的喜悦之情，并给予求助者鼓励，这就是所谓正强化。但是，这种正强化只适用于褒奖求助者的某一个具体行为，而不是其人格特质。

第五，给予求助者明确的指导。由于危机干预所针对的是失去能动性和心理平衡的求助者，所以，干预者要控制事态发展，发挥指导作用。干预者常常需要给求助者一些明确、直接的决定和指导，旨在明确告诉求助者应该做某件事。

3. 切忌不懂装懂式地陈述

在倾听与沟通的过程中，危机干预者必须理解求助者的问题，体会求助者的情感。干预者往往通过复述和反馈来澄清问题和理解情绪体验，但要避免不懂装懂式的陈述。这是危机干预的初学者经常犯的一个错误。为了表明自己不是一个没有经验的干预者和能胜任工作，有的干预者装作理解了，而他的复述和反馈根本就没有领会求助者的意思。这样，一是可能把问题搞得更复杂，甚至使求助者更加糊涂和混乱；二是会降低求助者对干预者的信任。实际上，在某些时候，干预者承认自己糊涂了或没有理解，并进行澄清，反而能获得求助者的信任，使求助者更加坦诚。

4. 沉默

在与求助者交流的过程中沉默是很有必要的。一些危机干预者可能不习惯在会谈中有停顿或沉默，觉得这样做是自己没有尽到职责，或者觉得这样很尴尬。其实，沉默是非常正常的。干预者连珠炮一样的提问和口若悬河的陈述根本无助于解决问题，反而会对求助者产生不良影响，要注意给求助者留出思考的时间。而干预者也需要思考的时间。

保持沉默的同时要关注求助者，用非语言沟通向求助者传达干预者的理解和支持，这样可以加深理解和达到共情的目的。

（四）情感反应及表达

干预者在倾听和交谈的时候，必然会有情感上的反应。那么应该有怎样的情感反应？哪些情感反应可以表达？怎样表达？

总体来说，在干预中，危机干预者应该以共情、真诚、接纳的情感态度来对待求助者。共情是指干预者准确地感受求助者的内心体验和想法，理解求助者，如同自己身临其境，作为一个参与者，而不是旁观者。真诚是指干预者诚实、开诚布公地对待求助者，没有隐瞒和掩饰，不戴"职业面具"。接纳是指干预者要关心和赞许求助者，无条件地鼓励他们，完全地、无保留地接受他们。在共情、真诚和接纳的情感氛围中，干预者可以很快和求助者建立良好的关系，给求助者提供极大的精神支持。

实际上，干预者在运用倾听、询问、语言反馈等技术时，不可避免地会涉及自己情感方面的表达。需要强调的是，真诚是干预者最基本的情感反应，也就是干预者保持自己的本来面目。这就要求干预者是一个诚实的人。罗杰斯曾对此做过一个简洁、明了的描述："一旦我能够接受这样一个事实：我有许多不足、许多缺点、会犯许多差错，应该运用所学知识时却不知所措，应该心胸开阔时却抱有成见以及经常会有与事实不符的感受，那么我就变得非常真实了。"

干预者要想表现得真诚，就要做到交谈自然、得体，不被所谓技术或原则束缚；言行要一致，不能讲一套，做一套；向求助者真诚地袒露自我，可以让求助者在一定程度上了解自己；对待求助者的负性或敌对的情感，不加以防御。

接纳求助者最应该注意的问题是危机干预者除了无条件地尊重求助者，还要完全接纳求助者的个人品质、观念、问题、境遇，将自己的人生观、价值观放在一边。特别是在求助者的行为、语言、境遇与自己的价值标准不一致，甚至咒骂、冲动，对干预者表现出敌意时，不能流露出愤怒、失望、否定等情绪，要尽量做到关心和鼓励求助者，这才是无条件的接纳。这并不是不真诚，而是危机干预所必需的，因为危机干预不是对求助者进行评价和教育的工作。干预者只有无条件地接纳，才能使求助者尊重自我、树立信心。

二、心理危机干预的具体技术

无论使用何种专业干预技术，心理危机干预的有效机制都是相同的，包括以下五点：①建立了良好的咨询关系，得到了求助者的信任；②提供了情感疏泄机会，鼓励求助者表达内心情感体验；③干预者发挥了求助者的社会支持系统的作用，鼓励其重新建立社会连接系统；④提供必要的心理健康知识宣传教育，提供危机应对策略；⑤根据个体的不同反应，干预者能够采取不同的心理危机干预策略。

常用的专业干预技术除暴露疗法、行为认知疗法外，还包括放松训练、支持性心理疗法、稳定化技术、紧急事件晤谈技术和眼动脱敏与再加工技术。另外，我们预计未来虚拟现实（Virtual Reality，VR）技术可能在危机干预中逐步普及。鉴于暴露疗法和认知行为疗法是常规的心理治疗技术，这里不再赘述。下面我们主要介绍放松训练、支持性心理疗法、稳定化技术、紧急事件晤谈技术和眼动脱敏与再加工技术，并简要介绍 VR 技术的可能应用前景。

（一）放松训练

放松训练是心理危机干预中最常用的稳定化技术，被广泛应用于其他技术的辅助治疗中。放松训练的原理是，人的情绪反应包括主观感受和躯体反应两部分，其中躯体反应又包括不受意志控制而由自主神经系统控制的内脏反应和受意志控制的"可随意支配"的肌肉反应。放松训练就是通过训练，增加"可随意支配"的肌肉反应，从而间接减少不受主观控制的自主神经反应，最终达到有效控制紧张、焦虑的主观感受的目的。

目前常用的放松训练主要包括呼吸放松训练、肌肉放松训练、想象放松训练三种。在实际应用中，大多将两种不同的放松训练结合在一起使用，如呼吸放松训练和肌肉放松训练结合、呼吸放松训练和想象放松训练结合。放松训练在心理危机干预中能起到快速有效控制发作性情绪反应的作用，从而促进会谈的有效开展。另外，放松训练也可作为一种心理"保健操"传授给危机中的个体，帮助其恢复身心健康。

做放松训练时应注意以下几点：①干预者应进行示范，减少求助者的羞耻感；②干预者应注重引导求助者体验放松前后的差异；③干预者应尽量进行口头指导，便于求助者接受和掌握放松要领；④放松训练注重不断的、重复地练习，每次为 10 ~ 15 分钟。

（二）支持性心理疗法

支持性心理疗法是帮助危机个体渡过心理危机、克服消极情绪、调整认知、减轻身心压力的一种非特异性心理治疗方法，尤其适合那些经历严重心理创伤者。支持性心理疗法最主要的是支持、帮助个体适应现实，但只看重个体表面行为的进步。支持性心理疗法主要包括：①支持、鼓励与保证。让求助者感受到干预者的关心；帮助求助者鼓起勇气，提高应对危机的信心；干预者以充分的事实为依据，用坚定的语调，安抚情绪紧张的求助者。②倾听和共情。③说明和指导。干预者对相关问题进行解释，指导求助者采用恰当的方法以实际行动解决问题。④控制和训练。干预者通过强制力约束有明显行为问题的求助者。⑤改善处世态度。干预者帮助求助者认识自己的性格特点，使其以更成熟理性的方式看待人生。

（三）稳定化技术

没有安全感就会失去自我掌控感。危机事件中，个体的安全需要遭到破坏，因此实施内在稳定化技术，重新建立安全感，有利于个体重新获得自我掌控感。心理危机干预中常用的稳定化技术包括内在安全岛和保险箱技术。

内在安全岛是指一个求助者认为安全、舒适，不会感觉到压力的地方。这个地方可以是现实的，也可以是想象的。由于危机事件中个体的情感张力大，干预者应用内在安全岛技术时，应注重言语引导，要有足够的耐心。内在安全岛技术的基本要点为：内在安全岛是内在的、个人的，可以是现实的，也可以是虚拟的；它完全由危机事件中的个体自己构造或描述，对于这个地方，个体有充分的控制权；它完全属于危机事件中的个体私有，未经个体允许，没人可以进入或打扰；它里面可以有植物，但是一般不含有动物。

保险箱技术旨在帮助危机事件中的个体对危机事件中的创伤性记忆进行"打包封存"，不让创伤性记忆过度影响自己。

"保险箱"一定要物质化，既可以是一个有瓶盖的瓶子，也可以是一个上锁的箱子。在这个"保险箱"里，放着个体关于危机事件的创伤性记忆。"保险箱"完全由危机事件中的个体自行设计，其瓶盖或钥匙之类的开关完全由个体掌管，个体可以随时决定是否打开"保险箱"，和干预者一起讨论创伤记忆的相关内容。

（四）紧急事件晤谈技术

紧急事件晤谈技术是一种通过集体交谈来减轻危机个体压力的方法，应用于维护危机事件工作者的干预措施，使危机个体免受痛苦。该方法首先由米切尔于 1983 年提出，经修改和完善后广泛应用于灾害幸存者、灾害救援人员和急性应激障碍患者群体。通过公开讨论内心感受，使危机个体获得支持和安慰，干预者调动可利用的资源，帮助危机个体处理和减轻创伤。它提供了一个安全的环境让危机个体用言语来描述痛苦，并有小组和同事的支持，对减轻各类事故引起的心理创伤，保持内环境稳定，促进个体身心恢复和健康均有重要意义，但应控制住个体的情绪，避免其因情绪过激而对他人造成二次创伤。

紧急事件晤谈技术的实施可以按不同的人群分组，每次 7 ~ 8 人，通常在伤害事件发生的 24 ~ 72 小时进行，一般持续 2 ~ 3 小时，分为 7 个阶段进行，具体步骤为：①介绍阶段。进行自我介绍，相互认识，介绍规则、目的和流程，强调保密性，建立信任。②事实阶段。邀请所有参与者从自身观察角度出发，叙述危机事件的情况，让参与者了解完整事件的真相。此阶段干预者以倾听为主，无须给予过多的回应。③澄清想法阶段。鼓励参与者表达出自己关于事件的想法，澄清参与者最初或最痛苦的想法。干预者要提醒参与者，有想法是一种正常反应。④感受阶段。询问有关感受的问题，鼓励受害者表达事件发生时和目前的感受，及既往是否有过类似感受等。让参与者把自身的情绪和感受与大家分享。⑤症状阶段。请参与者描述或回顾各自在事件中的情感、行为、认知和躯体症状，如失眠、食欲不振、注意力不集中、记忆力下降、易发脾气、易惊跳、闪回等；询问事件发生后对家庭、工作和生活造成的影响和改变；进一步确定参与者可能存在的各种应激反应的症状。⑥辅导阶段。干预者要有效地处置上述问题。要让参与者意识到，他们的应激反应和行为表现在此危机情境下是正常和可理解的，并传授给他们一些可以促进整体身心健康的知识和技能，如强调小组成员的相互支持，可利用的资源，讨论积极的适应与应对方式，提供可以帮助和服务的信息，提醒可能存在的其他创伤带来的相关问题（如酗酒），提供减轻应激的策略等。⑦恢复阶段。总结晤谈过程，修改有关应对策略，澄清错误观念，讨论行动计划，准备恢复正常的社会活动。

（五）眼动脱敏与再加工技术

EMDR（Eye Movement Desensitization And Reprocessing，眼动心身重建法），由加利福尼亚研究者弗朗辛·夏皮罗博士于 1987 年发明。开始时，该技术强调眼动在创伤康复中的重要性，称为快速眼动治疗，于 1991 年正式更名为 EMDR。

1997 年，眼动脱敏与再加工技术被美国心理学会列为急性应激障碍的推荐心理治疗技术，开始广泛应用于急性应激障碍和创伤后应激障碍的治疗中。我国将 EMDR 应用于现场心理危机干预工作中始于 2008 年胶济铁路火车相撞事故的处置工作。在同年发生的汶川地震后，该技术广泛应用，取得了令人满意的效果。

EMDR 治疗的基本原理可以用夏皮罗的适应性信息加工模型来予以说明。夏皮罗博士认为，人们之所以会出现各种各样的创伤后应激障碍，是因为大脑对创伤事件的信息加工没有达到适应性的状态。

创伤记忆的信息被"堵"，从而出现了闪回、梦魇、警觉性提高等症状。通过 EMDR 的治疗，患者能够对创伤信息重新进行整理加工，并基于此建立正确的认知和积极的情感。

EMDR 在心理危机干预中特别适用于那些存在明显闪回、梦魇、回避和警觉性提高症状的急性应激反应的个体。EMDR 有助于减轻创伤性痛苦记忆及伴随的焦虑、负性倾向、躯体生理反应，有利于增强健康积极的情绪体验。

要想正确地实施 EMDR，除需要掌握特定的快速眼动技术外，治疗者还需要熟练应用暴露治疗技术、放松训练、认知重建技术等其他常用的心理治疗技术。需要强调的是，只有经过严格的从业培训，治疗者才能在实践中运用 EMDR。

EMDR 分为八个阶段，具体如下。

第一个阶段是病史检查和治疗计划的制订。在该阶段，治疗者需对个体的病史进行最初的评估，从而制订相应的治疗计划。这个阶段的主要目标包括：①建立良好的治疗联盟；②收集相关的心理、社会和医学病史资料；③构思治疗目标和治疗计划；④排除不适合的病例。

第二个阶段是准备。该阶段的目标包括取得个体的治疗知情同意、提供必要的心理健康教育、帮助个体掌握自我控制的方法并继续巩固治疗。在该阶段，治疗者需要帮助个体通过想象和放松技巧使自己在治疗的过程中做到自我控制。同时，治疗者也要在该阶段让个体熟悉将使用的技术。

第三个阶段是评估。治疗者要求个体想象最能代表此次危机事件的创伤性画面，并描述与此画面对应的负面认知内容。同时，采用 SUD（Subjective Units Of Distress Scale，主观痛苦感觉单位量表）法从 0 到 10 分对与此相关的负性体验进行评估。10 分代表悲伤体验最强，0 分代表没有悲伤体验。在此阶段，治疗者还要培养和创伤相关的积极、正向的认知。

第四个阶段是眼动脱敏。治疗者首先使个体进入创伤事件的"状态"，其次进行双侧刺激下的眼动脱敏，最后进行自我控制技术的应用。反复实施上述步骤，可使个体对创伤画面的 SUD 评分降至 0 ～ 2 分。

第五个阶段为植入。在此阶段，治疗者以指导语的方式帮助个体植入在第三个阶段中构建的正向的认知内容，同时实施双侧刺激的眼动，以取代和创伤相关的负向思维内容，增强疗效。

第六个阶段为躯体扫描期。治疗者验证个体是否仍残留和创伤画面相关的问题，并对此进行处理。

第七个阶段是结束。一次治疗并不能治愈所有的创伤。如果个体仍有明显的悲伤情绪，治疗者可以通过放松训练帮助个体保持情绪稳定。同时，个体在每次治疗时都应使用类似的技术，以保持平静。

第八个阶段是最后的再评估。在这个阶段，治疗者会对前面的工作进行评估，以确定个体是否能够管理好自己，是否能够独立处理危机事件。根据再评估的结果判断个体是否需要进一步的治疗。

（六）VR 技术

暴露治疗是临床心理学中处理创伤相关精神心理问题的利器，然而传统的暴露治疗存在诸多问题：直接暴露于引发个体创伤的场景和物品会引发个体过度的情绪生理反应，带来强烈的不适体验，往往难以被个体接受。在对由自然灾害如地震、火山爆发等所致的创伤进行应激障碍的治疗中，由于场景无法重建，直接暴露治疗难以实现，临床心理治疗者常利用主观想象技术，采用间接暴露治疗的方法来摆脱临床困境。然而，个体主观想象能力的差异，以及个体对引发其创伤体验的场景或物品的主观回避，导致间接暴露治疗的疗效往往一般。

近年来，越来越多的研究机构开始尝试利用 VR 技术来开展对创伤相关心理问题的治疗，均取得了令人满意的疗效。

罗斯堡姆和同事率先研究了 VR 技术对 PTSD（Post–Traumatic Stress Disorder，创伤后应激障碍）的疗效。被试者是患有 PTSD 的越战直升机飞行员。虚拟场景包括丛林和直升机，还有战斗的枪炮声。治疗包括 14 次暴露。结果表明，VR 技术可以有效治疗 PTSD。雷格和加姆进行了案例研究，被试者是患有 PTSD 的 30 岁步兵，经过 6 次治疗后，被试者的一些主要心理问题均得到明显缓解，个人生活质量也得到明显改善。

此外，对照研究表明，VR 技术较传统的 CBT（Cognitive Behavior Therapy，认知行为疗法）治疗效果更佳，VR 技术心理治疗组有 62% 的被试者有显著改善，而 CBT 心理治疗组只有 28%。

著名心理学研究者彼得·费德和霍夫曼对一名"9·11"事件的幸存者进行

了试验，模拟出攻击时的场景。经 6 次治疗，幸存者的 PTSD 症状得到改善。治疗结束后，幸存者回忆事发经过时不再感觉恐惧或者出现其他症状。

著名心理学研究者彼得·沃尔什等对 11 名机动车事故幸存者进行了研究。虚拟系统模拟了汽车的前座、车轮和踏板，一面大屏幕展示出驾驶车辆时车窗外的环境，其中 10 名幸存者在主观（口头报告和主观不适量表）和生理上证明了系统的"真实性"。

贝克等利用 VR 技术来治疗患有 PTSD 的车祸幸存者。治疗者可以操纵一些变量，如交通流量、时间、天气条件和追尾的特殊事件。经过 10 次治疗，患者创伤后应激障碍量表反映出 PTSD 症状减轻。

萨赖瓦和同事设计了一种虚拟环境，包括一条四车道的公路。治疗者可以控制交通流量、视角和声音等线索。经过 12 次治疗，患者的焦虑抑郁评分（医院焦虑和抑郁量表）和 PTSD 相关症状的观察（事件量表）结果都比治疗前有所改善。治疗前后的观察中，个体的生理反应减少了。治疗过程中，患者的非言语行为和排斥行为也明显减少。最重要的是，在治疗后患者能够再次开车。

VR 技术由于能进行几乎乱真的场景还原，带来极为逼真的沉浸式体验，已广泛应用于媒体传播、地产推销、社交互动等领域。可以预见，未来 VR 技术极有可能成为一项关键技术，极大地推动包括心理危机干预领域在内的心理卫生工作的开展。

三、心理危机干预的步骤与注意事项

（一）心理危机干预的步骤

可能引发危机的急性应激因素有很大的不同，个体在生活中遭遇的慢性应激因素更是千差万别，再加上个体独特的个性基础，个体所面对的各种危机不可能一概而论，更难以提供简单划一的应对方式。但是，危机干预专业人员还是希望能够有一个相对简单且行之有效的危机干预模型。下面介绍的危机干预六步骤就是一个被广泛运用的危机干预模型。它将各种有效的危机干预策略整合到解决问题的全过程之中，而且具有系统化、结构化、渐进性的特点，可用于帮助多种类型的危机当事人。

1. 确定问题

确定问题是一个问题界定的起始步骤。专业人员需要运用积极倾听的技术，去理解和确定当事人面对困境所认知的问题，即从当事人的角度探索并界定问题的性质。如果没有对当事人的共情、理解、尊重、真诚、积极关注、无条件接纳等基本态度，就很难感知、理解危机情境，准确的评估便无从谈起，之后的干预就属于无的放矢，不具有任何意义。可以说，危机干预专业人员能否很好地运用倾听技术，是有效实施危机干预的关键。

2. 确保当事人的安全

确保当事人的安全是危机干预的第二个步骤。尽管这里将确保当事人安全置于危机干预的第二步，但它是危机干预的首要目标，而且必须贯穿危机干预的始终。这里所说的安全是指当事人无论在身体上还是心理上，如果存在对自己或者他人与社会造成危险的可能性，危机干预专业人员需要尽最大努力去降低这种危险，尽力保证当事人的安全。评估当事人的安全风险，采取各种有效措施努力确保安全，在危机干预工作中最为基本也最重要。

3. 给予当事人支持

给予当事人支持是危机干预的第三个步骤。在危机干预过程中，最为直接的给予当事人的支持来自危机干预专业人员。因为陷入心理失衡状态，当事人事实上缺乏或者难以感知自己的支持资源，自觉孤立无助，此时来自专业人员的心理支持非常重要甚至极为关键。一般来说，专业人员与当事人不存在相识、相知的关系，因此单单靠危机干预专业人员的言语保证难以使当事人接受，需要强调专业人员与当事人的沟通交流，使得当事人深深感受到自己被理解、被尊重、被关注、被无条件接纳，确信自己面对的专业人员就是一个愿意且能够给予自己支持的人。

4. 共同探寻可变通的应对方式

共同探寻可变通的应对方式是危机干预的第四个步骤。前三个步骤的侧重点在于倾听，后三个步骤则侧重干预。严重受创且陷入危机的当事人的思维常常变得狭窄，能动性下降，难以看到或判断自己所拥有的选择机会，一些当事人甚至认为自己已经陷入绝境，无路可走。此时，专业人员需要帮助当事人去探寻可变通的应对方式，并且验证当事人的哪些应对方式可行、有效。心理顾问作为专业人员，可以协助当事人从以下几个角度去思考探究。

（1）外部支持

外部支持是指除当事人自身以外，在其过往以及当下已经或者可能给予其帮助的人。当事人可能一时看不到，但并不等于外部支持即环境支持绝对不存在。

（2）应对机制

应对机制是指在专业人员的帮助下，当事人去探寻摆脱困境的方法，调动自身与外部的资源去应对危机。

（3）积极的、富有建设性的思维方式

认知扭曲常常是危机当事人心理失衡的重要原因与结果。帮助当事人重新审视自身面对的危机情境，改变自己对问题的不合理想法，可减轻与缓解当事人的激烈应激反应。

5. 制订行动计划

制订行动计划是危机干预的第五个步骤。失去心理平衡的危机当事人即便在专业人员的协助下可探寻到对自身有意义的可变通的应对方式，但要把想法付诸行动还需一个艰难的过程，因为情绪的波动、动机与动力不足、信念动摇等都是可能的阻力。因此，专业人员要与当事人协商，制订符合危机干预目标的切实可行的计划，帮助当事人稳定情绪。这里需要注意几点：第一，行动计划需要与当事人共同商讨制订。不能使当事人感觉自己的权利、独立与自尊被剥夺，以及感觉计划是被强加的，否则可能使计划实施过程中出现阻力，还可能导致当事人对专业人员产生依赖。第二，实施计划的过程中要有支持者。支持者无论是个体、团体还是其他相关机构，都要在当事人实施计划过程中提供必要的帮助。第三，提供应对机制。这里所说的应对机制是指当事人能够立即着手去做的具体的事情。如果行动计划所涉及的内容不切合实际，或是其能力难以达成的行动，就会使当事人产生挫败感。

6. 给出承诺

给出承诺是危机干预的第六个步骤。此步骤可以视作第五个步骤的自然延伸，前者的任务完成度与后者的顺利实施直接相关。当事人获得对执行行动计划的诚实、直接、恰当的承诺，表达认真履行行动计划中的具体内容的决心，对自身积极建设性的行为改变有一定的推动作用。

专业人员在此过程中特别要关注并持续评估当事人的控制性与自主性是否逐步恢复，因为干预的目标就是帮助当事人重新获得对生活的控制感。因此，评估需要贯穿危机干预的始终，以行动为导向，以情境为基础，帮助当事人恢复危机之前的心理平衡状态。

（二）心理危机干预过程中的注意事项

心理危机干预是一种心理服务，而不是程序化的心理治疗，主要为处于心理危机事件中的个体提供适当的心理援助。心理危机干预的最佳时间是发生心理危机事件后的 24 ～ 72 小时，如果 24 小时内不进行危机干预，72 小时后的危机干预效果就会下降。心理危机干预的方法是最简易的心理治疗方法，包括倾诉、心理支持、放松训练、心理教育、集体减压等。将心理危机干预和社会支持系统紧密地结合起来，可以发挥二者的最大作用。

参考文献

[1] 白婧静，郭丽娜，王海燕．高校心理健康教育理论与实践 [M]．北京：线装书局，2023.

[2] 符丹．大学生积极心理发展与自我成长 [M]．西安：陕西师范大学出版总社，2023.

[3] 付漪川．大学生心理危机与健康教育研究 [M]．北京：北京工业大学出版社，2021.

[4] 蒋立，李丽贤．积极心理学视域下大学生心理健康教育与辅导 [M]．北京：中国原子能出版社，2022.

[5] 李爱冰．大学生心理健康教育机制构建与模式创新研究 [M]．延吉：延边大学出版社，2022.

[6] 李清源，吕捷．现代大学生心理健康教育理论与实践研究 [M]．长春：吉林出版集团股份有限公司，2023.

[7] 李晓敏，栗晓亮．大学生心理健康调适及其教育管理研究 [M]．北京：中国纺织出版有限公司，2022.

[8] 梁杰．新时期大学生心理危机的预防与干预研究 [M]．北京：北京工业大学出版社，2023.

[9] 刘琦灵．大学生心理健康教育发展研究 [M]．成都：四川大学出版社，2024.

[10] 路风华．"互联网 +"背景下大学生心理健康教育模式的重塑与构建 [M]．长春：吉林科学技术出版社，2020.

[11] 宋辉．积极心理学视域下大学生健康教育 [M]．北京：北京工业大学出版社，2023.

[12] 隋华杰，吴亚芬，陈焕文．积极心理健康教育理论与实践研究 [M]．天津：天津科学技术出版社，2023.

[13] 邰仁飞．积极心理健康教育与心理育人研究 [M]．北京：北京工业大学出版社，2023.

[14] 王慧芬. 大学生心理健康教育管理与实践 [M]. 北京：中国商务出版社，2023.

[15] 向红. 大学生心理健康教育与发展研究 [M]. 北京：北京工业大学出版社，2023.

[16] 徐爱兵. 现代大学生心理健康教育研究 [M]. 北京：中国原子能出版社，2022.

[17] 燕玉霞. 我国大学生心理健康问题及对策研究 [M]. 延吉：延边大学出版社，2022.

[18] 杨洪泽，陈亮，庄郁馨. 当代大学生心理健康与训练 [M]. 沈阳：辽宁人民出版社，2023.

[19] 余晖，周俊. 新时代大学生心理问题及调适研究 [M]. 北京：北京燕山出版社，2023.

[20] 张胜洪. 大学生心理健康与心理危机干预研究 [M]. 北京：中国书籍出版社，2022.